21世紀の『男の子』の親たちへ

男子校の先生たちからのアドバイス

教育ジャーナリスト
おおたとしまさ

祥伝社

はじめに

「男の子の育て方」に関する本は、育児書のなかでもテッパンの売れ筋ジャンルです。それだけ「男の子」育てには多くの特にお母さんたちが手こずっている。

実は私もこれまで何冊か書いていています。男の子にありがちな困った言動に対し特にお母さん方が発してしまいやすい過剰反応を和《やわ》らげる目的で、お母さん方の気持ちに寄り添いながら書いたものです。世の中の多くの「男の子の育て方」の本も、基本的には似たような構成、メッセージになっています。

しかしこの本は違います。まったく異なる視点からまったく異なる目的で書かれています。

男女の先天的な違いや習性の違いを強調してそこから「男の子」の育て方を説くのではなく、これまで男女が置かれていた社会的立場の違いをスタート地点とします。そして、性別に関係なく個人がそれぞれの個性を存分に発揮して支え合って暮らせる社会を男女共通のゴールとします。異なるスタート地点から同じゴールを目指すわけですから、当然ながら男女の通るルートは異なります。その男性側のルートを明らかにしていこうというのが本書の主旨です。

テレビCMやポスターなどの広告表現におけるジェンダーの問題、職場や就活の場面でのセクハラ問題、男女間の賃金格差と家事労働時間の大きな差など、社会における男女の立場の非対称性を根本とする問題が、いまたくさん浮き彫りになっています。さらに、男女という単純な性別だけでなく、LGBTといった性的マイノリティーの存在にも社会的関心が集まっています。世の中の意識が大きく変動しています。

しかもいま、グローバル化が急速に進んでいます。日本の社会の常識に従っているだけでは生きていけないと、いまの子供たちは脅《おど》されています。さらに子供たちが働き盛りになるころには、人工知能が人間の仕事を奪っているのではないかともいわれています。

結論から言ってしまえば、私個人としては、グローバル化の波も人工知能の台頭も、過度に恐れることはないと思っています。むしろ過敏に反応することのほうが危険だと思います。

しかし親世代が「常識」だと思って疑っていなかった価値観が、意外と早くに役立たずになる可能性は大いにあります。その現実から目をそらしてはいけません。その意味で、親が自分の成功体験や損得勘定をもとにして子供に「ああしろ」「こうしろ」と教育するのは非常に危険です。それで逃げ切れると思ったら大間違いです。

先行き不透明な時代には、いい意味で「出たとこ勝負」ができるひとに育てるしかないのです。そのための教育をする必要性が高まっています。

そのことをまず親自身が認識する。**21世紀のど真ん中を生きる男の子たちにいまどのような感性が求められているのかを明らかにしていきながら、親自身が無意識のうちにもってしまっている「男らしさ」や「男のくせに」のような20世紀の男性像とのズレを意識化し、補正してもらうことが本書のいちばんの目的です。**

その意味では、この本は、母親よりも父親にまず読んでほしい。そこも、いままでの「男の子の育て方」本との大きな違いです。

開成《かいせい》中学校・高等学校の葛西《かさい》太郎《たろう》先生は、**「旧来の男性像を引きずったままのお父さんが教育熱心になってしまうとあんまり良くないかなと思います。『俺の生き方を見本にせよ』『男のほうが偉いんだ』みたいになってしまって」**と指摘します。

一方で、女性の気持ちが十分わかるはずの母親にも盲点があります。自分だってさまざまな場面で社会的不利益を被《こうむ》ってきたことは自覚しているはずなのに、息子を支えるべくあるいは孫の教育のために、息子の妻にはキャリアを犠牲にすることを求めがちなのです。「女性だから」というだけの理由で。

そのような母親に育てられれば、息子が自分の自己実現を妻が一方的にサポートしてくれるのを当たり前だと思ってしまいかねません。

「それはいじましい」と灘《なだ》中学校・高等学校の大森秀治《おおもりひではる》先生（当時）は言います。**「お互いにサポートするのが当たり前でしょう。そんなことではそのひとの人生は開けないわな」**。

このような具合に、男子校のベテラン先生たちの見解を引用しながら話を展開していきます。

男子校のなかでは、異性の目を気にしない素の男の子の姿が見られます。**これまで何千人という素の男の子たちを見てきた男子教育のプロたちが、「これだけは間違いない」と言うことがこの本の根拠です。**

そんなこと、どんなに大きな予算をかけて長い時間をかけて調査をしたところで、エビデンスなんてとれませんから。

実は本書には底本があります。２０１８年５月に出版された『開成・灘・麻布・東大寺・武蔵は転ばせて伸ばす』（祥伝社）です。タイトルは強烈ですが、決して超エリート男子のみを対象にした内容ではありません。幼児から思春期までのすべての男の子の親たちへのメッセージです。

その書籍の内容をもとにして、21世紀のど真ん中を生きる男の子の親として心得ておくべきポイントを抽出し、私の言葉で整理し直し、さらに学校別ではなくテーマ別に再構成したものが本書です。

再構成に際しては、右記5校だけでなく、これまでに私が話を聞いてきた、その他の男子校の教員による印象的なフレーズも多数盛り込んでいます。本書はまさに、現場の先生たちの感性から生まれた言葉の結晶です。

第１章のテーマは「ジェンダー」、第2章は「ＡＩ時代」、第3章は「グローバル社会」、第4章は「自由」です。第5章では、先生たちとの対話を終えて、私自身のなかにいまある確固たる思いを吐き出させてもらいます。蛇足《だそく》の章として、ご笑覧ください。

20世紀の男性中心の競争社会にもまれてきた親御さんほど気になるであろうテーマで章を構成していますが、実は後半に行くほど、内容的には「男の子」に限った話ではなくなります。「だったらなぜ男性の側からのみ書くのか」という問いが出てきそうですが、それは単に視点の設定の問題です。ちなみに、女性の視点からの問題意識を取り上げた拙著としてはすでに『ルポ東大女子』があります。

親の立場からすれば、耳の痛い話も多いかもしれません。ハッとすることも多いでしょう。しかしそれ以上にきっと、「あ、それでいいんだ」と胸をなで下ろす瞬間が、本書を読むなかでたくさんあるはずです。

21世紀の「男の子」の親たちへ。

変えられるものを変える勇気と、変えられないものを受け入れる平静さと、それらを峻別する叡智《えいち》が、もたらされますように。

『21世紀の「男の子」の親たちへ』目次

第2章 「AI時代」に必要とされるために

第3章 英語力より大事なものとは？

第4章 「自由」に耐える力を鍛える

第5章 いつの時代も必要な3つの力＋α

おわりに

204

※本書は2018年5月に発刊された対談本『開成・灘・麻布・東大寺・武蔵は転ばせて伸ばす』（おおたとしまさ著、祥伝社新書）に記載されている各男子校の先生方のお話のなかから特に印象的な言葉を抽出・再構成し、新たに他校の教員の方々のコメントも加えています。右記書籍と同一のコメントが多数掲載されてはいますが、内容はまったく別の新しい本です。

ご協力くださった男子校の先生方（50音順）

●麻布中学校・高等学校
平秀明先生

●栄光学園中学高等学校
井本陽久先生

●海城中学高等学校
柴田澄雄先生
八塚憲郎先生

●開成中学校・高等学校
葛西太郎先生
齊藤幸一先生

●芝中学校・高等学校
武藤道郎先生

●修道中学校・修道高等学校
田原俊典先生

●巣鴨中学校・高等学校
堀内不二夫先生

●東大寺学園中・高等学校
沖浦徹二先生
榊野数馬先生

●桐朋中学校・高等学校
荒井嘉夫先生
片岡哲郎先生

●灘中学校・高等学校
大森秀治先生（当時）

●武蔵高等学校中学校
加藤十握先生
岸田生馬先生（当時）
高野橋雅之先生

第1章
21世紀における「いい男」の条件とは?

Point

21世紀に入って共働き家庭が当たり前になりました。男性一人の稼ぎで一家を養えるような社会でもなくなりました。男女共同参画社会では、恋人以外の異性と適切な距離感でコミュニケーションがとれるスキルも必須です。「いい男」という概念すら変わるのです。

経済力よりも家事・育児の能力

男女の社会的境遇格差を表わす有名な指標に「グローバル・ジェンダー・ギャップ指数」があります。健康、教育、政治、経済の分野での各国の男女格差を数値化したものです。「世界経済フォーラム」が毎年ランキングを発表しており、日本は常に下位に甘んじています（図1、2）。健康と教育では男女がほぼ平等ですが、経済と政治の分野では特に差が大きい。

これを見ると、日本が男性優位の社会であることは明らかなのですが、一方で、「世界幸福度調査」によると日本は世界で最も幸福度の男女間格差が大きい国でもあります。男性よりも女性のほうが幸福度が高く、その差が世界一なのです（図3）。２００５年から２０１０年にかけてこの差が広がりました。

社会的な活躍の場は女性よりも男性に多く用意されているはずなのに、幸せを感じる割

合は男性のほうが低い。ねじれ現象です。

２００5年から２０１０年は、「イクメン」という言葉が市民権を得た時期です。２０１０年の流行語大賞にも選ばれています。これは喜ばしいことではあるのですが、現実的な男性たちの立場からすれば、従来の労働者としての責任に加え、家事や育児の責任も増えたということができます。

図4は独身の男女に、結婚相手に求める条件を聞いた結果です。男女ともに「人柄」が1位です。次に女性が男性に求めるものは、なんと「家事・育児の能力」なのです。しかも96・０％。ほぼ全員です。その次が、ほぼ同率で「経済力」と「仕事への理解」。女性は結婚相手の経済力も重視するけれど、同程度に自分のキャリアにも理解があることを求めているのです。共働きが当たり前となった社会において、このバランスは非常に象徴的です。これからの男性は仕事ができるのは当たり前で、そのうえにパートナーの仕事への理解があって、育児や家事もそつなくこなせなければいけないのです。

そして何より図4を一見して気づくのは、男性から女性に求めるものより女性から男性に求めるもののほうが総じて多いことです。棒グラフの面積が明らかに違います。

現代の日本社会は、いまだに男性が「下駄を履かされた」男女不平等な状況ですが、そ

図1｜日本のグローバル・ジェンダー・ギャップ指数の推移（1に近いほど男女平等）

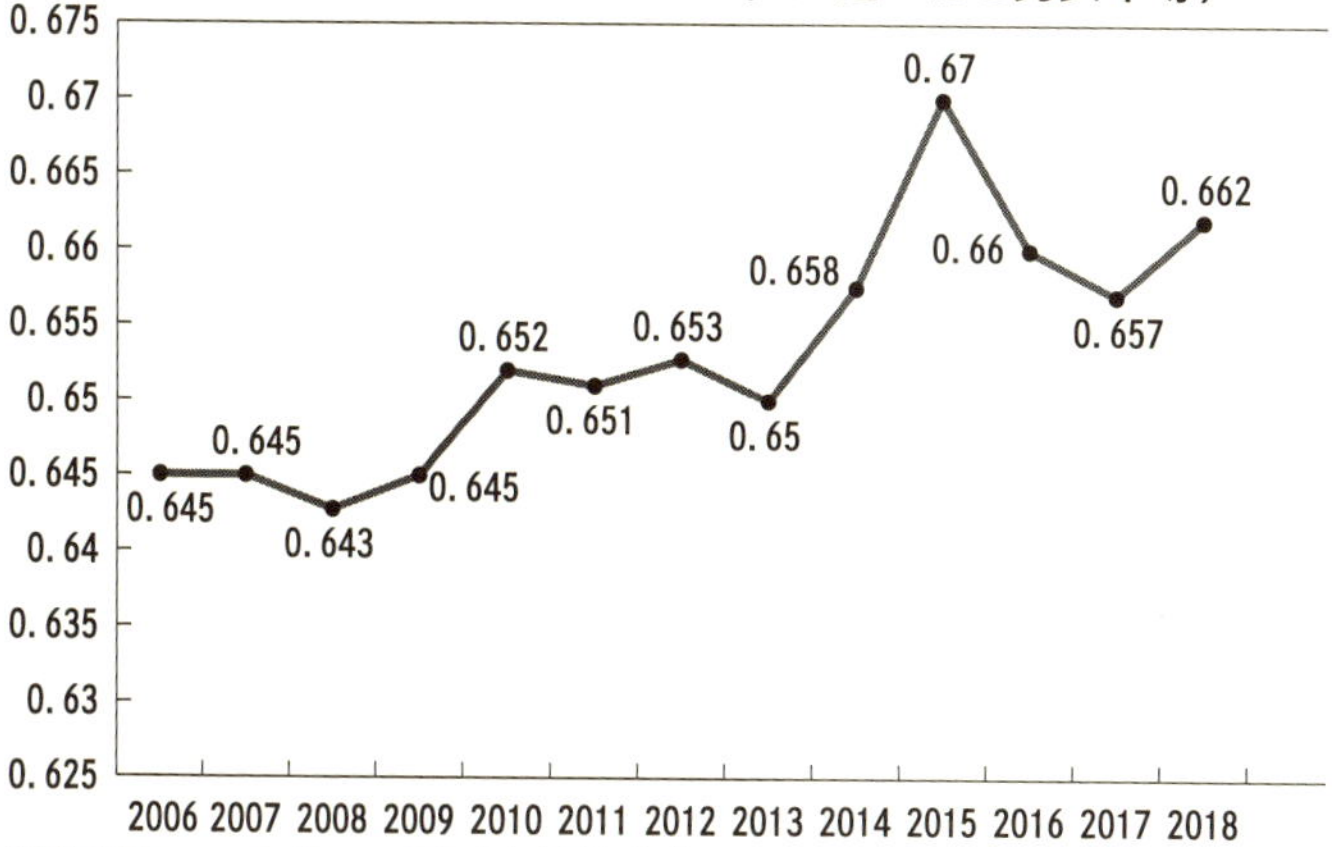

※World Economic Forumのサイトを元に作成

図2｜ジェンダー・ギャップ指数（2018年）・主な国の順位

順位	国名	値
1	アイスランド	0.858
2	ノルウェー	0.835
3	スウェーデン	0.822
4	フィンランド	0.821
5	ニカラグア	0.809
6	ルワンダ	0.804
7	ニュージーランド	0.801
8	フィリピン	0.799
9	アイルランド	0.796
10	ナミビア	0.789
12	フランス	0.779
14	ドイツ	0.776

順位	国名	値
15	英国	0.774
16	カナダ	0.771
51	アメリカ	0.720
70	イタリア	0.706
75	ロシア	0.701
103	中国	0.673
110	日本	0.662
115	韓国	0.657

※内閣府男女共同参画局ホームページより

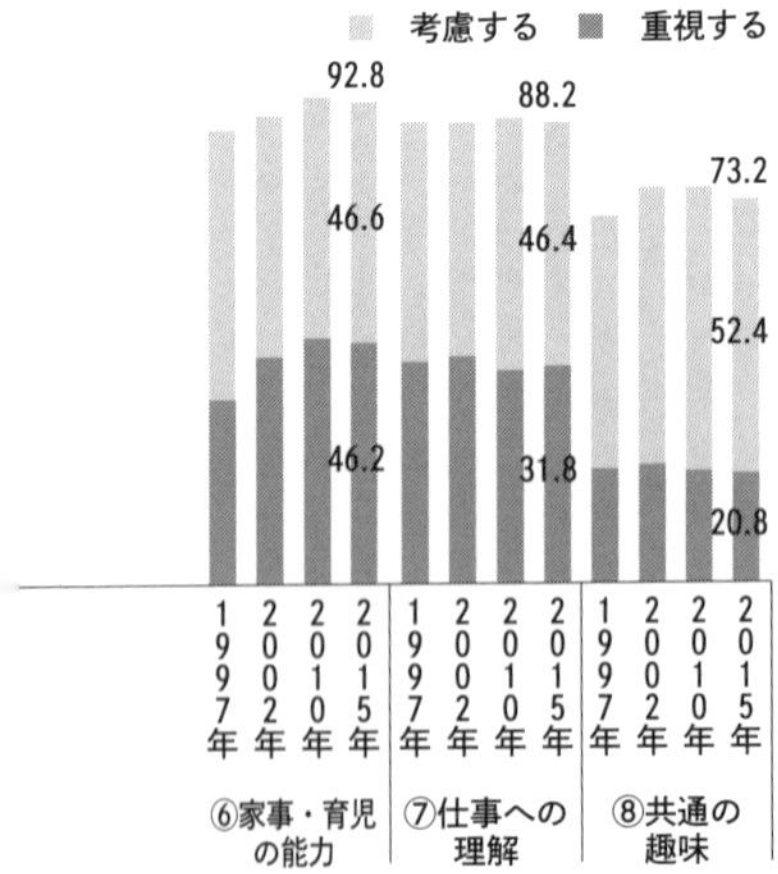

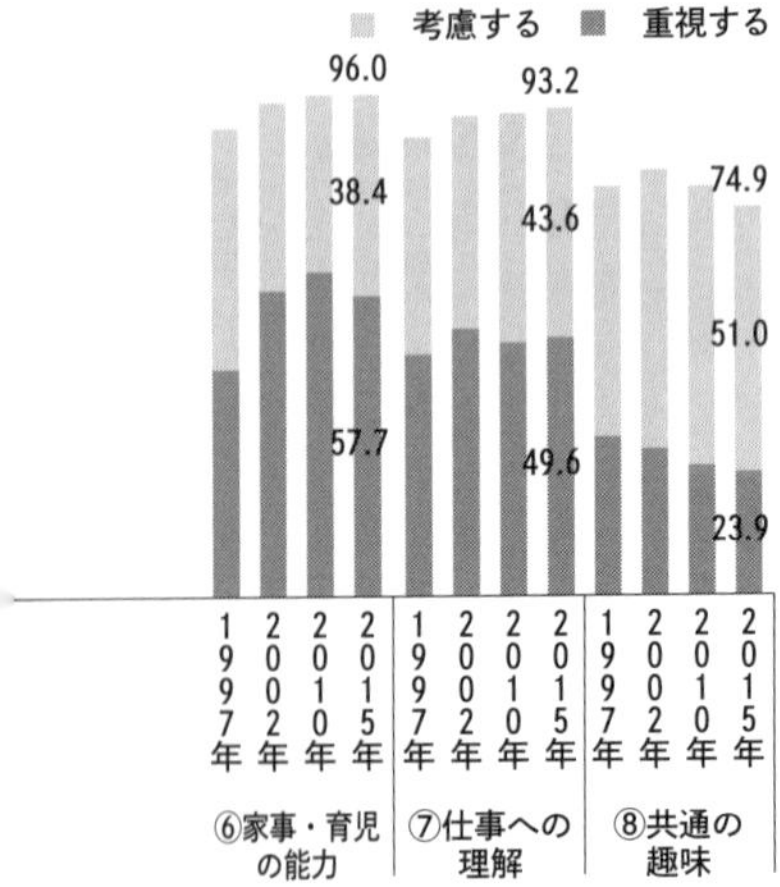

れあてはまる番号に○をつけてください。」

査)」より

図3 男女の幸福度国際比較

幸せだと感じている男性の割合―幸せだと感じている女性の割合
マイナスの数値は女性のほうが幸せであると感じている割合が多いことを表わす

	合計	-0.3%
1	日本	-8.2%
2	ヨルダン	-7.1%
3	パレスチナ	-6.4%
4	リビア	-6.1%
5	ジョージア	-5.9%
6	韓国	-5.2%
7	シンガポール	-4.3%
8	ニュージーランド	-4.1%
9	エジプト	-4.0%
10	アルジェリア	-3.6%
17	中国	-3.0%
18	台湾	-2.8%
29	アメリカ	-0.1%
39	ドイツ	1.6%
56	インド	4.4%

※ 世界価値観調査(World Values Survey 2010-2014)の「幸福度」調査において、「とても幸せ」と「まあまあ幸せ」と回答した割合を男女別に比較し、男女差を算出した

図4｜結婚相手の条件として考慮・重視する割合

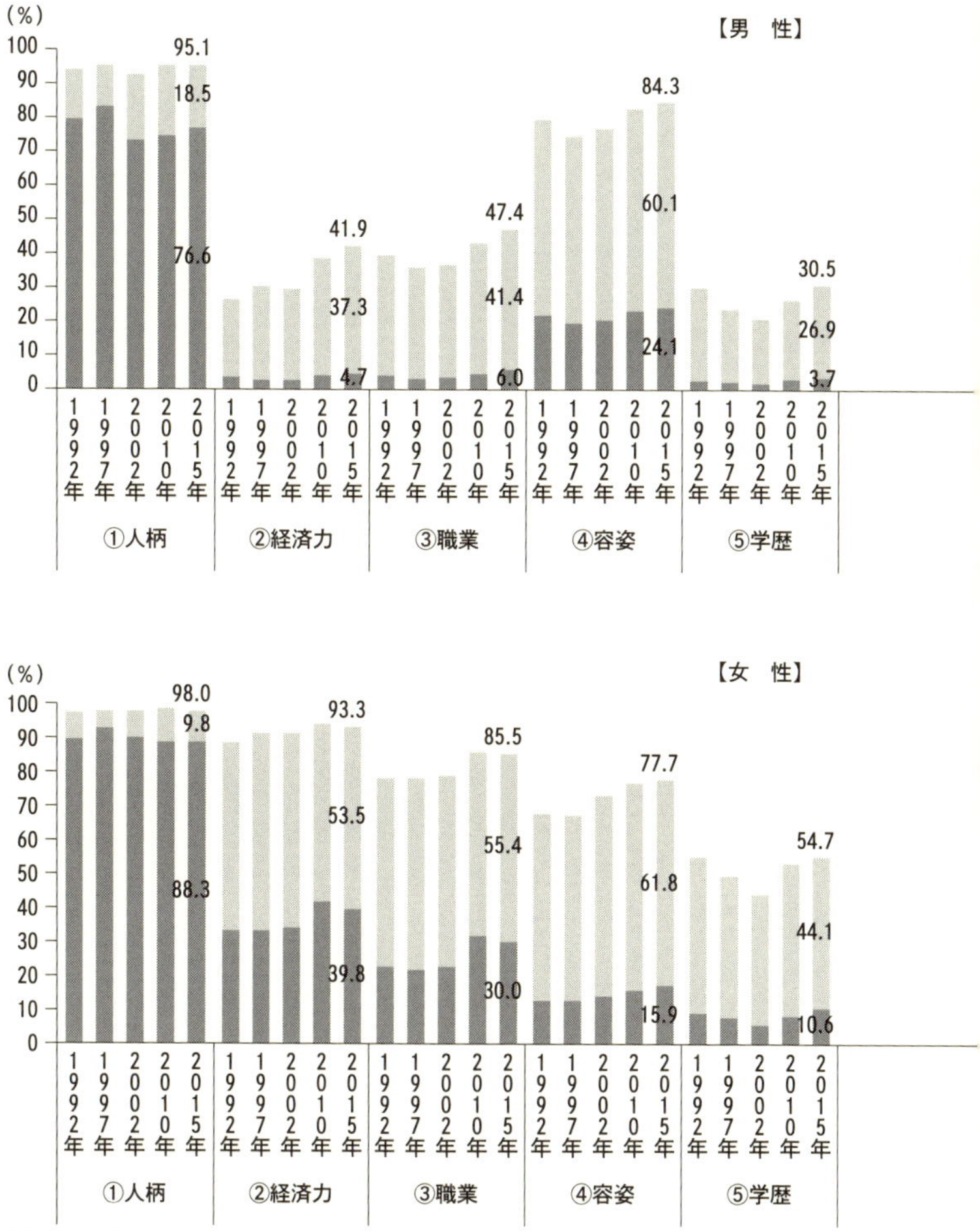

（注）対象は「いずれ結婚するつもり」と回答した18～34歳未婚者。
設問「あなたは結婚相手を決めるとき、次の①～⑧の項目について、どの程度重視しますか。それぞ
（1．重視する、2．考慮する、3．あまり関係ない）。
※厚生労働省国立社会保障・人口問題研究所「第15回出生動向基本調査（結婚と出産に関する全国調

の下駄を脱ぎたくても脱げないという意味で、男性には男性の生きづらさがあるのです。結果、いまや男性の4人に1人は結婚ができないといわれています。特に年収が低い男性の未婚率が高い（図5）。男性が一家の稼ぎ頭でなければ格好が悪いという旧来の価値観が、男性の心のなかにも女性の心のなかにも強く刷り込まれているからです。

残業などしないで早く家に帰ろうと言われるが、業績は落としてはいけないとも言われる。男性ももっと育児や家事をしようと求められるが、仕事ができない男はカッコ悪いとも思われる。これらのダブルバインドメッセージが、家庭でも会社でも男性を追いつめているのです。

逆説的ですが、現実問題としては、いま「男がつらい」わけです。いや、男女それぞれに課題があり、「お互いに大変ですなあ」というほうが正しいのでしょうけれど。

図5｜年収別の婚姻・交際状況（20代・30代）

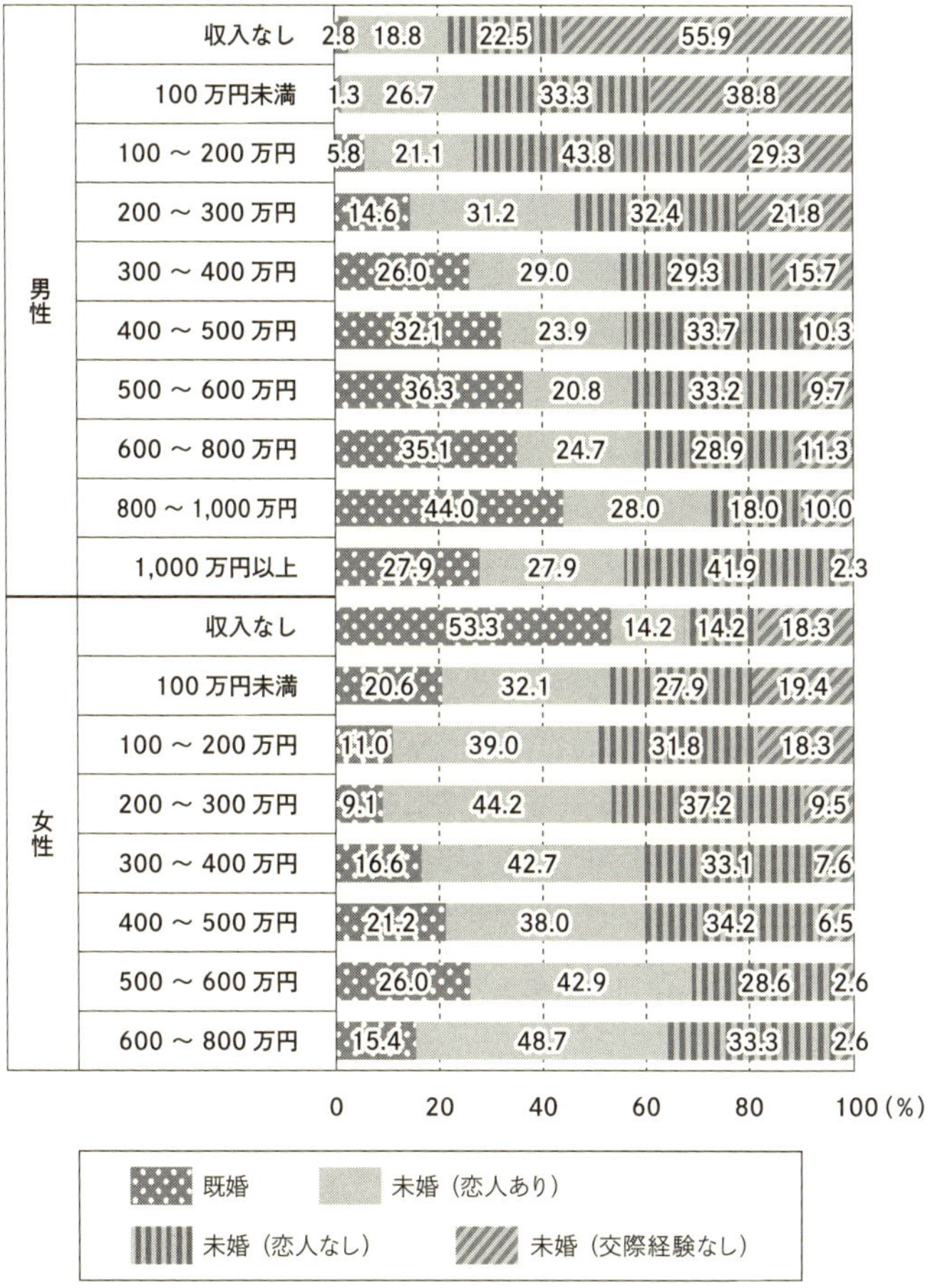

（注）1 「既婚」は、結婚3年以内である。
2 女性の収入「800～1,000万円」及び「1,000万円以上」は、それぞれ該当者が11名、3名しかいないため、グラフ中に含めていない。

資料）内閣府「平成22年度結婚・家族形成に関する調査報告書」より国土交通省作成

パートナーのキャリアを犠牲にしない

社会の価値観が多様化するなかで、当然女性の好みも多様化します。開成の葛西先生は「結婚に関していえば、男は選ばれる側になっていると思います」と言います。そのことは、前出の各種データからも明らかでしょう。

ではどんな基準で選ばれるのか。

ひとにはそれぞれ魅力がありますから、企業のマーケティングのように、異性のニーズに合わせた自分になる必要なんてないと私は思います。自分は自分らしくあればいい。でも世の中の流れとして、女性が、これまでの時代とは違う視点でも男性を選ぶようになっていることは知っておいたほうがいいでしょう。

現代の女性が将来の結婚相手に、「経済力」以上に「家事育児の能力」を高く望んでいることはさきほどデータで示したとおりです。また、「女性の仕事への理解」もそれらに次いで望んでいます。

「配偶者を考える場合は、好きとか気が合うとかいう点のみならず、自分のプロモーションと女性がプロモートされることをイコールで考えられるひとかどうかまでを確認しておくべき」

これは、拙著『ルポ東大女子』で、40代の東大出身の女性が語ってくれた言葉です。どういう意味か。

これからは女性も男性と対等に活躍できる社会にならなければいけない。口ではそう言いながら、自分の出世のために、家事や育児を妻に押しつけ、自分は仕事に没頭するようなパートナーを選んでしまったら、妻はいわゆるマミートラックにはまってしまい、思うようにキャリアパスを歩めないということです。

これからの共働き社会では、自分の自己実現と同様に、妻の自己実現にも理解があり、それをサポートできる男性を選ぶべきだというアドバイスです。

出産・育児のために妻が仕事を辞めて一生専業主婦になってしまった場合、世帯収入は億単位で減少するという試算もあります。本当は妻も仕事を続けたいのに、夫が自分の出世競争のために妻にキャリア上の犠牲を強《し》いたとして、世帯収入として本当にその分を取り返せるのかという話にもなります。妻の自己実現よりも、世帯収入よりも、自分の出世欲を優先しただけではないでしょうか。

いくら高学歴・高収入なエリートでも、そのような男性をパートナーにすべきではないと。これからの時代は、優秀な女性ほどそう考えるでしょう。

逆に、とことん働きたい女性を、専業主夫のような立場で支える男性がもっと増えてもおかしくはありません。現在ではそのような男性はいまだに「ひも」などと揶揄《やゆ》されることがありますが、男女平等参画社会というのなら、そこも変えていかなければいけません。そのためには当然、女性の側の意識の変化も必要です。

不特定多数から「モテ」ても意味がない

一般に「モテる」というと不特定多数の異性から人気があることをさしますよね。若いうち、世の中にはいろいろなタイプの異性がいるのだということを学ぶ過程においては、モテることはたしかに有利なのかもしれません。

でも、アメリカの作家ピート・ハミルの『ニューヨーク・スケッチブック』という短編集に、こんな「モテ男」の逸話があります。

主人公のマリガンは、無類の女好き。毎日ジムで鍛え、週に一度は美容院で髪型をキメ、ダンス教室にも通っていました。すべてはモテるために。所帯《しょたい》じみていく友人たちを尻目《しりめ》に、独身貴族を決め込んでいたというわけです。

とっかえひっかえ違う女性とデートをくり返すマリガンは、ある日、待ち合わせ場所として指定された図書館の前で待ちぼうけをくらいます。結局彼女は現われませんでした。仕方なく図書館に足を踏み入れます。そして悟ります。

「ずらっと並んでいる本を見ているうちに、おれは死にたくなってきてね」

膨大な量の書物を目の前にして、一生かかったってぜんぶを読み切れるわけがないと瞬時に感じ、世の中の女性をすべて〝征服したい〟くらいに思っていた自分の浅はかさに気づいたのです。

若いころいくらモテたって、状況を俯瞰《ふかん》する能力さえあって、ある程度学習能力が高いひとがそれなりの場数を踏めば、不特定多数の女性からモテることにさほどの価値もないことに早晩気づくはずです。自分にとって本当に大事な誰かの存在に気づき、そのひととの関係性を深めていくことこそに喜びを見出すようになるはずです。

実際マリガンは（といっても小説のなかでの話なのですが）、その件のすぐあと、気立てのいい女性と結婚し、自分を着飾るのをやめます。そうしてようやくただの「モテる男」から「いい男」への変貌を遂げるのです。

チンギス・ハーンも現代ではただのイタいひと⁉

ユニークな講演が大人気のカリスマ塾講師・高濱正伸《たかはままさのぶ》さんは、父親向けの講演会の決めゼリフとしてよく「目の前の妻ひとり幸せにできないで、何がエリートだ！」と言います。いくら「オレは仕事で社会を変えるんだ！　世界を救うんだ！」と意気込んでみても、〝ちょい不良オヤジ〟を決め込んでいても、目の前の妻ひとりを笑顔にできないのだとしたら、そんな男性がひととして、本当にかっこいいでしょうか。

　ましてや、まわりからうらやましいと思われることを目的に、見た目の派手なモデルのような女性をカノジョにしてこれ見よがしに連れて歩くというのはどうでしょう。そういうひとは、おそらくカノジョのことを、アクセサリーか何かと勘違いしているのではないでしょうか。自分のステータスを証明する高級外車や高級時計、高級スーツと同列に考えているのです。もっと見映えのする異性が現われたら、交換してしまうかもしれません。幼稚です。

　一方で、「英雄色を好む」ということわざもあります。チンギス・ハーンに代表されるように、歴史に名を残すような豪傑は、女好きが多いということです。でも私は逆じゃないかと思います。〝征服〟することが大好きな男性を、かつては〝英雄〟と呼んでいただけではないでしょうか。土地やら富やら権力やらを片っ端から自分のものにすること自体を目的にできてしまうような人物は、帝国主義的な時代には大いに活躍できたことでしょう。そういうひとたちは、おそらく女性を〝コレクション〟したいと思う欲求も強いのでしょう。

　しかし、いまはそんな弱肉強食の時代じゃありません。共存共栄の時代です。かつてなら英雄として活躍できたような逸材もこれからの時代では、自分にとってかけがえのないたった一人の女性と向き合い続けることのできない、ただの〝イタいひと〟になっていくでしょう。21世紀の「いい男」にはなれません。

実際、2018年には世界中で「#MeToo」のムーブメントが盛り上がりました。ハリウッドの大物プロデューサーが、自分の立場を利用して女優たちに性的関係を強要していたことが明るみになったことが発端です。

日本でも官僚や政治家あるいは教員らによるセクハラ事件が頻繁に報道されています。被害女性の心中は想像するに余りあるものがありますし、そのような輩《やから》には、同じ男性として強い憤《いきどお》りを覚えます。一方で、「分別の付かない年頃でもあるまいし……」と嘆きたくなるような情けない気持ちも湧いてきます。

「勘違い性教育」は早期英才教育と同じ

「子供たちにもっと具体的な性教育が必要」という声もこのところ大きくなっています

が、子供たちの前に、大人たちにこそ性教育が必要な状況だといえるのではないでしょうか。そもそも子供たちに性について本当に大事なことを語る資格のある大人が、どれだけいるというのでしょうか。

性教育とは、単に性行為の方法や避妊の方法を教えることではないはずです。なんでもオープンに話せばいいという問題でも、早ければいいというものでもありません。子供の発達には段階があり、発達とともに感受性が増します。そのときどきの感受性にあわせたコミュニケーションが必要です。発達段階を無視した性教育は、早期幼児教育と変わりません。

たとえば「りんご」の色、形、重さ、手触り、香り、味、そもそもどんな木にどんな季節にどんなふうに実るものなのかなどの〝実感〟なしに「りんご」という言葉だけを覚えさせることは大人の自己満足にすぎませんよね。

同様に、**性がひとの愛と尊厳とに深く関わる問題であり、秘めればこそ尊いものでもあり、かといって恥ずかしいものではなく、むしろ神聖な概念であることを、実感と信念とをもって伝えなければ、本当の性教育とはいえません。**

しかも性とは、そもそも言語化できないものの最たるものですから、テキストや言葉で伝えきれるものでもないと思います。時間をかけて少しずつ、子供の血と肉に染み込ませていくしかありません。

アメリカの心理学者が著した『パッショネイト・マリッジ』という書籍に次のような一節が出てきます。

子ども達に性欲とエロティシズムの相互作用を示すことができなければ、どうやって年齢と成熟が性的に有利に作用することを伝えればいいのだろうか？

子ども達に初体験を遅らせてもらいたければ、セックスがどんな存在になり得るかを子ども達が理解する助けになるような、意味深い理由を説明しなければならない。セックスにはテクニック以上のものが含まれていること――それによってどんどん進展してゆくものだということ――を示さなければならない。

（中略）

子ども達にこう言える親は、ほとんどいない。「お父さんとお母さんは、もう二十年もセックスし続けてる。でも、やっと上手くできるようになったばかりだ。長い時間がかかるのだよ。慌てることはない」

多くの人は、性的な最盛期に到達しない。到達する人も、四十歳、五十歳、六十歳台になるまでは到達できない。本当に意味深いセックスは、生理的な反射作用よりも、人間的な成熟度によってもたらされる。

このことをつゆとも理解していない大人が、表面的にセックスについての知識だけを語っても、おそらく子供たちの心には何も響かないでしょう。

アダルトビデオの性は本当の性か?

かつてであれば「エロ本」や「エロビデオ」というメディアでしか触れることのできなかった「コマーシャルセックス（商業化された性）」に、現在はスマホで簡単に触れることができてしまいます。

それが本当の性とはまるで違うものであることを、説得力をもって伝えることができますか？　実際に面と向かって言葉で伝えるかどうかは別として、少なくともそう言える実感と信念をもっていますか？

桐朋《とうほう》中学校・高等学校の数学教師・荒井嘉夫《あらいよしお》先生は、例年高3の通常の授業の枠組みのなかで、頃合いを見計らって生徒たちにある雑談をしかけます。「アダルトビデオのなかのセックスが、本当のセックスだと思うか？」と問いかけるのです。男性の屈折した妄想によって過激に演出された世界を映像化したアダルトビデオを見て、それがセックスだと勘違いしてしまう男子生徒が多いことから、もう20年以上前に始めた十八番《おはこ》の雑談です。

荒井先生が教育専門誌に寄稿した記事から、一部を引用します。

たとえば、好きな女の子に告白するとき、ラブレターを書くときには、いくら言葉を刻んで記しても想いを十分には表現できないものです。しかし、心を込めて言葉を綴《つづ》った文章は、言葉で伝えられることを伝えるのと同時に、言葉では伝えられないことも伝えてくれます。身体に触れるというのも、直接は触れることのできない心に触れるということでもあります。そっと、やさしく触れ合う。ぎゅっと抱き合う。その繊細さ、感受性が大切だと思います。こんな話を、具体的な例とともに語っていきます。言葉で、身体で、心で、語り合い、触れ合い、コミュニケーションし、愛する。理想的過ぎるかもしれませんが、そういう話も必要だと思っています。

生徒の「セックス観」がどのように形成されていくのかは、人と人との繫がりを考えるとき、とても重要なことだと思っています。それは、人を「愛する」ということと深く結びついています。さらに、そのことは、自分がどう「生きる」かということについて、心の奥の基盤になっていると思います。そのことを時代はないがしろにしているのではないでしょうか。

セックスを正当化するわけでもなく、汚《けが》らわしいものとして排除するのでもなく、愛や生きることと結びつけて話します。

セックスがセックスという行為だけでは完結しないということを考えさせます。セックスがいかに根源的で神秘的で高潔な人間活動であるかを説いているのです。

記事には続きがあります。生徒たちからの感想が掲載されているのです。一部を引用します。

先生はこうもおっしゃいました。「心と心は直接触れ合うことができない。だから、お互いに、言葉と言葉で触れ合い、身体と身体で触れ合う。セックスもね。」これも、やはりセックスは延長線上にあることを示していると思います。好きで好きでたまらない人と理解し合いたい、お互いに愛し合っていることを伝えたい。（中略）やはり、自分は世界で一番好きな人とセックスをしたい。

この話を聞いたときに、私は強い感銘を受けました。自分がいつか最愛のひとに捧げるセックスという行為が、好奇心や錯誤からやすやすと汚されてはならないという意識を、思春期の男の子たちに感じてもらうことは大変意義深いと思いました。ただし、この雑談は高3向けで、荒井先生の感覚では、中3や高1では早すぎるのだそうです。

このような性教育を行なうには、その前提として、大人たちが人間的な成熟に伴う性的深化を経験していなければなりません。しかし残念ながら、大人であってもセクハラをするひとやパートナーとの性に向き合えないひとには、そのような信念も実感もないのでしょう。**子供たちの性の乱れを危惧するのなら、少なくとも大人が自分の胸に手を当ててみる必要があります。**

大人が自分たちの性と向き合うことなく、コンビニの有害図書を排除したり、インターネット上の性的表現に制限をかけてみたところで、効果は限定的でしょう。

「一人で生きる力」より「共に生きる力」

２０１７年、武蔵《むさし》高等学校中学校で、特別授業をさせてもらいました。そこで、本章に掲載したのと同じデータを使用しました。

まず、日本は世界的に見てもジェンダー・ギャップの大きい国であることを示すデータを見せました。当然男性が優位な社会であるという意味です。次に、日本は世界的に見ても女性の幸福度と男性の幸福度の差が大きいことを示すデータも見せました。実は女性の幸福度のほうが高いことを示します。そして「なんでねじれているんだと思う？」と問いかけました。

昨今、「女性だけが育児や家事をすべきだ」と考える若者は少数派です。しかし「男性は一生働くものだ」という社会的思い込みも強い。

仕事を中心とした社会において、男性の論理でさまざまなしくみが整えられていることは間違いありません。一方で、男性はその仕事社会から降りるという選択を認められていない。それが「ねじれ」として表われているのではないか。そう訴えました。

よく「女性には生理的な限界があるので、選択を迫られる」といわれます。しかし妊娠・出産・育児というライフイベントでキャリアの中断を迫られるのが女性の側だけというのはおかしい。たしかに妊娠・出産は女性にしかできません。しかし無事に赤ちゃんさえ生まれて、母体が回復すれば、女性が職場に復帰して、男性が育児や家事を主に担う役割を果たしてもいいはずです。

要するに、21世紀のど真ん中を生きる「未来のおじさん」たちに、「出産・育児は女性がやるものだと決めつけるのはおかしいんじゃないか」「キミたちが育児・家事を担うという選択もある」「キミたちにだって（企業組織に属しては）働かないという選択肢もある」ということを伝えました。**「男性であること」にとらわれず、あらゆる思い込みを捨て**

て、あらゆる選択をテーブルの上に並べて自分の人生を決めてほしいと伝えました。

女性の場合、誰と結婚しようと、自分が子供を妊娠・出産できる期間は限られます。しかし男性の場合、相手の女性の年齢によってその時期がずれる（実際には男性も年齢とともに女性を妊娠させられる確率が下がることが知られていますが）。その意味では、ライフプランを考えるうえで、女性よりも不確実性が高いともいえる。だからこそ、自分の人生がいつどんな展開になったとしても悔いのない選択ができるように、いまから入念に将来の生き方を想像してほしい。

どんな大学に行くことになるのか、どんな職業に就くことになるのか、それも大事ですが、将来のパートナーと、どんなふうに人生を支え合うことができそうか、それをちょっとでいいからいまのうちからイメージしてほしいのです。

「どんな仕事に就くの?」「何歳くらいで結婚するの?」「いつまで働くの?」「妻の職業は?」「何歳くらいで子供が欲しい?」「育休は取るの?」「子育てはどれくらいする?」「家事はどれくらいやるつもり?」「子供は何人くらい欲しい?」「そもそも働くの?」などの問いを続けざまに投げかけました。

要するに「キミはどうやって生きていきたいんだ?」「キミにとって本当に大事なもの

は何なんだ？」という問いです。

「キミたちのほとんどは、大学に行き、仕事に就くでしょう。でも男性にだって働かないという選択はある。妻が外で働いて、夫が家のことをするというライフスタイルだってあり。『男なんだから俺が稼がなきゃ』という義務感で仕事をしていたら、仕事がうまくいかなくなったときにきっときつくなるよ。いろんな選択肢があるなかで、好き好んで自分はいまこれを選んでいるんだと言えるように、自分の選択に責任をもつことが大事」。偉そうに、そんな話をしました。

再生産される男女不平等社会!?

男子校の野球部では当然ながら、女子のマネージャーがおにぎりをむすんでくれたり、洗濯してくれたりなどということはあり得ません。ぜんぶ自分たちでやらなければいけません。逆に女子校の文化祭では、重い荷物を運んだり、大道具を組み立てたりということも、男手に頼らず女子のみでやり遂げます。男子校・女子校のなかには「男の役割」「女の役割」という性差の概念がないのです。

逆に共学校の教室のなかには男女両方がいるからこそ、大人たちの社会の性的役割意識がそのまま入り込んでしまう危険性があります。異性の目を気にすることで、まったくの無意識のうちに「男らしさ」とか「女らしさ」にとらわれてしまうというリスクもあります。共学校の教室のほうが、現状の男女不平等社会に自然に適合するという意味で合理的なのかもしれないのです。

これは「共学のパラドクス」だと思います。現実社会が男女共同参画社会になっているのなら、共学校の教室のなかでもその価値観の再生産が行なわれるでしょうが、現実社会に性差別が横行しているのだとしたら、共学校の教室は男女共同参画社会を推進するうえで足枷《あしかせ》にもなりかねないのです。

実際海外では、男女別学校の出身者のほうが、少なくとも学業において、ジェンダーバイアスを受けにくいという研究結果も複数報告されています。

アメリカのバージニア大学は２００３年「男子校では教科に対するジェンダー意識を乗り越えやすい」という研究結果を発表しました。２００２年には、イギリスの国立教育調査財団が計2954もの高校を調査した結果として、「女子校では、女性らしい教科や男性らしい教科という固定概念にとらわれにくい」と結論づけています。2005年、イギリスのケンブリッジ大学は、男女別学化することで、男子生徒は英語や外国語で、女子生徒は数学と科学で、それぞれ明らかな効果が見られたと報告しました。

子供を共学校に通わせるなら、この点については意識的に対処しなければなりません。もちろん共学のメリットもあります。男女がお互いの長所を知り、弱点を補い合うことができます。たとえば女子がコツコツ日々の勉強を頑張る姿を見て、瞬発力勝負になりがちな男子も少しはコツコツと勉強する習慣が付くという効果があると考えられます。逆に大学受験直前にものすごい集中力で追い込みをかける男子生徒の様子を見て、女子も追い込みのペースを上げるという効果があると考えられます。

男子校では性差を意識しなくていい

また、多くの女子校では、自分たちが女性であることを前提に、将来何を想定しておかなければいけないのかを考えさせる教育プログラムを用意しています。平均的に30歳前後で結婚して出産することを考えると、その前後のキャリアをどう設計するのか、10代のうちから考えておくべきだという話です。

しかし男子校におけるそのような教育プログラムはあまり聞いたことがありません。何歳くらいで育休を取るのかなど考えたこともないまま高校を卒業していく生徒も現状では多いはずです。「大きな夢をもて」というようなことは言われるかもしれませんが、パートナーとともに歩む人生に対する想像力が著しく欠如していることが容易に想像できます。

共学校ならまだましです。近くに女子がいて、なんとなくそういう雰囲気を感じることができるからです。男子校では、同じ年頃の女子たちが、将来に対してどんな希望や不安を抱えているのかを感じる機会がまったくありません。そこが男子校に共通する最大のアキレス腱だと私は思います。

そこを補うために今後、特に男子校においてはパートナーとの関係性を含んだ問いかけがますます重要になるでしょう。そうでないとこれからの時代を生きていくのはますますつらくなる。**すでに共働き家庭が大半になり、男性がひとりでバリバリ働けば一家を養えるというような社会ではないのです。**

しかも現在の親世代は昭和的な性的役割分担を無意識のうちに引きずっている可能性があります。これだけ男女平等、男女共同参画社会といわれていても、親世代こそ、「そうはいっても男だから」「そうはいっても女だから」という意識が拭《ぬぐ》えません。それを目に見えない偏見すなわち「バイアス」と呼びます。

このバイアスを払拭し、「男であること」に縛られない人生を歩ませることは、これからの「男の子」育てにおいて、親が特に意識しなければならないポイントとなるでしょう。そしてそこが最大の難点となることでしょう。

弱点を補うための教育を、各男子校では必死に模索しはじめており、その動きは「有名進学男子校、家庭科に力　調理以外にも子育て・介護」「灘で赤ちゃん教室、開成入試に専業主夫　男子校の狙いは」（いずれも朝日新聞）などとメディアからも注目されています。

一方で、男子校でこそ、そういう問いかけをしやすい面もあります。女子から見た「かっこいい男子」「イケてる男子」「頼れる男子」を演じる必要がないからです。「男性であること」にとらわれず、あらゆる選択をテーブルの上に並べて率直な議論ができるはずなのです。

一人の「男」としてたくましく育てるだけでなく、パートナーとともにお互いを尊重しながら人生を歩むための素地も育《はぐく》む。これからの男女共同参画社会において、男子校は意識してそのことを発信しなければなりません。

さらにいえば、現在は、男性か女性かだけで性を語れない時代になっています。一説には約8％だとか、いやもっと多いとか少ないとかいわれていますが、いわゆる「性的マイノリティー」と呼ばれるひとたちが、世の中には一定割合でいることがわかっています。自治体によっては「同性婚」に結婚と同等の意味をもたせる制度を設けています。

「うちのいいところは、たまに心が女性の生徒がいたりしても、自然にそれを受け入れる雰囲気があるところですよね。単に異性との付き合い方よりも進んでいる部分もある」というのは麻布《あざぶ》中学校・高等学校の校長・平《たいら》秀明《ひであき》先生です。

麻布では、ほとんどの生徒が私服で通学するのですが、なかには完全に「女の子」の格好で毎日登校する生徒もときどきいて、彼女も普通にクラスになじんでいるというのです。

「去年は卒業式で3人くらいがスカートで卒業証書を受け取っていましたよ。卒業式を象徴的なカミングアウトの場にしたのかもしれません。同級生たちも笑ったりしないで普通に対応していました」

自分の息子やその友人が性的マイノリティーである可能性は十分にあります。それは決して不自然なことではありません。まわりの大人は、特別な意識などせず、ありのままを受け入れればいいのです。

男子校出身でも結婚はできる

男子校育ちだと結婚できないのではないかという心配もよく聞きますが、どうでしょうか。

内閣府の「結婚・家族形成に関する調査（2011年）」では、公にはされていないものの、男子校出身者の未婚率と共学校出身の男性の未婚率に有意な差はないことがわかっていると、関係者から聞きました。

ただし、男子校は圧倒的に私立進学校が多いわけで、世間一般よりも高収入である割合が高く、それが未婚率を下げている可能性はありますから、男子校出身者と共学校出身の男性の未婚率を単純に比較はできないと私は思います。ですから本当のところはよくわかりません。

ただひとつ確実に言えることがあります。男子校出身者が集まって酔っ払うとよく「オレたち男子校だったからカノジョなんていなかったよな」なんて昔話をするのですが、それは事実誤認です。

カノジョができなかったのは事実です。しかしそれはおそらく男子校という環境のせいではありません。共学校に通っていても、カノジョができないひとにはカノジョはできません！　モテる男子は、男子校に通っていてもカノジョをつくります。むしろ、クラスのなかのごくひと握りのイケメンが、クラス中の女子の人気を集めてしまうという状況を目の当たりにしなくてすんだだけましだと思うべきです。

まあそれは冗談だとしても、男子校の先生たちは、「たしかに異性とのコミュニケーションが未熟なまま高校を卒業していきます。だいたい二極化する。女性に対してものすごく奥手になってしまうタイプと、異常に積極的になるタイプ」と分析します。また、「大学に入ってから最初のうちは調子がつかめず、苦労することも多いようです。でも、そんな環境にしばらくいれば、自然に慣れます。文化祭にカノジョを連れてきてくれる卒業生も多いですよ」という意見も多い。

重要なのは意中のひと以外とのコミュニケーション

ただ、ここで見落とされがちな観点があります。

「異性とのコミュニケーション」といった場合、「カノジョができればクリア」「結婚できれば合格」という問題ではないでしょう。

好きになった女性と一生懸命コミュニケーションをとろうとするのは当たり前です。どんなに奥手な男子でも、このときだけは頑張ります。奥手なタイプの男子が、不器用ながらも真心でアタックし、その純粋さにヒロインの心も揺れ動かされるというのは、古今東西の物語によくある設定です。

しかしいくらヒロインに自分の思いを伝えることができたとしても、地球上には約35億人の女性がいます。ヒロイン以外の女性とまともにコミュニケーションがとれないとしたら、異性とのコミュニケーション能力は皆無に等しいといっていい。

これからの男女共同参画社会における異性とのコミュニケーション能力といった場合、本当に大切なのは、その他大勢約35億人の女性と、異性であるというデリカシーを保ちつつ、男女の関係を超えた対等なコミュニケーションがとれるかどうかです。

これが案外難しい。これができないと、自分では親しくしているつもりが、女性から見ればただのセクハラ発言になってしまったり、無意識のうちに社会的ジェンダーバイアスにもとづいた女性蔑視の発言をしてしまったりすることになるのです。自ら35億人を敵に回すような行為です。それではこれからの時代は生きていけません。

意中の女性とのコミュニケーションと、35億人の女性とのコミュニケーションは、本質的にまったく別物なのです。そこのところをしっかりおさえておく必要があります。

この点、思春期に女性がどのように大人になっていくのかを感じることの少なかった男子校出身者がいつまでたっても未熟のままであることは十分に考えられます。共学校出身ならみんなが自然にできるかというとそういうわけでもありませんが。

反動として、最近は「ハラミ会」という男子だけの集まりがあるようです。「ハラミ会」とは「ハラスメントを未然に防ぐ会」のこと。あえて異性とのコミュニケーションを排除した環境で男同士心置きなく飲み交わそうという主旨です。

あまりいい響きの言葉ではありませんが、いつも異性とのコミュニケーションに気を遣うと疲れてしまうから、ときどき性差を意識しないですむ環境でリラックスしたいと思うこと自体は、これまでの世代の男性がやってこなかったことに取り組んでいる過渡期の男性の気持ちとしては、それほど責められるべきものでもないのかもしれません。もともと「女子会」というのもあるわけですし。

35億人の女性との円滑なコミュニケーションのためには、相手が自分とは違う性であることへのデリカシーを常に頭の片隅に置きながら、それ以上に一人の人間として敬意を払いながら接することが重要です。失敗してしまったら、自分の未熟さを素直に謝る。それを意識して場数を踏むしかありません。

それができることが、これからの時代に「モテる」という意味であり、「いい男」の条件だと私は思います。

第2章

「AI時代」に必要とされるために

Point

どんなにＡＩ（人工知能）が発達したとしても、「正しさ」に近づくためには、論理だけでは不十分。ＡＩ時代だからこそ、ひとの感性による「補正」が重要になります。一方で、スマホやインターネットの扱いは、先生たちにとっても、大きな課題になっているようです。

教育現場を揺るがすスマホの存在

この章以降、男の子に限ったことではないテーマが続くように見えるでしょう。しかしそれを、集団としてみた場合の男の子たちの特性を踏まえ、「生きること」と「仕事」が直結されやすい男の子の視点から、考察していきます。

スマホやインターネットとの距離感をどう保つのかは、すでに21世紀の子育ての大きな課題となっています。世界的なIT企業のトップが、実は自分の子供たちにはスマホやタブレット端末を触らせなかったというエピソードが伝えられています。スマホをいじると偏差値が下がるというデータがとれたと主張するひともいます。

一方で、学校の現場でも、パソコンやインターネットを使用することは当たり前になっていますし、生徒一人一人がパソコンやタブレット端末を持って授業を受けることも珍しくなくなってきました。「教育ICT（情報通信技術）」といって、国も、パソコンやインターネットを積極的に教育現場に取り入れようとしています。それどころか、新学習指導要領にはプログラミング教育も盛り込まれました。

かつての紙と鉛筆そして図書館の役割を、たった一つのタブレット端末がになってくれるのですから、多少のリスクはあったとしても、これを使わない手はないというのがいまの流れのように思います。私が取材した多くの学校の先生方も、男子校、女子校、共学校にかかわらず、同意見です。

これからのテクノロジーがおそらくこれらの「ガジェット（文明の利器）」の延長線上にあることを考えると、子供たちにこれらを使わせないという選択肢はあり得ないように私は思います。ただしタイミングや距離感が難しい。

ガジェット単体ならまだしも、インターネットとの常時接続が当たり前の世の中で、ツイッターやインスタグラムなどのＳＮＳ（ソーシャルネットワークサービス）がからんでくると、使い方を誤るリスクは高まります。

自由を標榜する男子校の先生たちにとっても、スマホの扱いは大きな問題になっているようです。

依存してしまったら専門家の支援が必要

「SNSの怖さはだいぶ伝えました。学級日誌に悪口を書くのとは違うんだぞと」と開成の葛西先生は言います。

同じく開成の齊藤幸一《さいとうこういち》先生は、「根気が要《い》るけど、戦いですね。いまの時代、ナッシングにしちゃうのは無理ですからね。どう折り合いを付けていくかだから。そういうスキルも必要なんですよ。難しいところですよ。ゲームがきっかけで何かを猛烈に学びはじめる子供もいますからね」と言います。

スマホが危険だとかネットが危険だとかいまは言われていますが、10年後にはスマホという概念すらなくなっている可能性が高い。スマホを禁止にしたところで次なるもっとすごいものが現われるわけで、きりがない。だったらいまからスマホを受け入れて、それをコントロールする能力を進化させておくしかないでしょう。

「そういう世界で生きていかなければいけないんだから。決められた範囲で遊ぶとか、そういう能力が今後ますます必要になってくる」と齊藤先生。ただし「学校の授業に支障を来《きた》すような子供にはカウンセリングが必要です。そういう子は、もともとそういう性質をもっているんですよね。スマホやゲームのことに限らず、ほかのことも守れない場合が多いんですよ。昔は家まで行ってゲーム機を取り上げたりってこともあったけど、いまは専門家にケアしてもらわないと」とも。

葛西先生は「『中学受験が終わったら好きなだけやってもいいわよ』というのは絶対にやめてほしい。あれで依存が始まる子もいるんです。何時から何時までだとか、何時以降はやらないとか、約束を守らせることです」と訴えます。

「ネットなんて親の時代にはなかったんですから、手本になれと言ったって難しい。むしろ子供から学ばなければいけないかもしれません」と言うのは灘の大森先生。

「ネットでいろんな事件が起こるじゃないですか。そこで『あんた、こんなことしてないでしょうね』という話題の振り方がいちばんまずいんです。だって、『あんた、こんなことしてないでしょうね』というのは一種の説教であり、あるいは子供を信用していないというメッセージですから」

親の不信感を受け取れば、子供はますます自信をなくし、本人の意志にかかわらず、悪いほうに向いていく。当然の理屈です。

「『あなたの同世代のひとたちがなんでこうなっちゃうんだろうね』とか『あなたはどう思う?』とかいう形で話題を振ってほしい」

こう問いかけることで、言外に信頼を伝えることができると大森先生は提案します。

ちなみに開成も灘も、スマホやパソコンに関するルールを学年ごとに決めていますが、基本的に学校への持ち込みは自由です。授業中は使わないのは当然ですが、休み時間にはスマホやゲームをいじっている生徒を見かけることは多い。各校「ルールで縛るのはうちらしくないから」という姿勢を貫いてはいますが、現場の先生たちからしてみればある意味根比べなのかもしれません。

スマホはナイフと同じ

麻布の平先生は、「禁止はしてないので持ち込みはできますけど、さすがに授業中は使ったりすると没収します。教員の立場から言えば、やっぱり友達関係が見えづらくなる。特に中学校の低学年だと、ある一人の子を叩いちゃったりとか、ネットの中で。それはリアルタイムにはわからないので、ちょっとタチが悪い。かといって、将来は必ず使うことになるツールだから、やっぱり使いこなすことは大事なのかなと思います」と言います。

さらにスマホをナイフにたとえます。

「ナイフは、鉛筆を削ったり果実の皮を剥《む》いたりできて便利な反面、ひとを殺すこともできる。スマホだってコミュニケーションのツールとして便利だけど、使い方を誤まれば人間を社会的に抹殺することもできるわけですよね。ナイフを渡すのと同じくらいの気持ちで渡してくれないと困るということです。いま、ナイフ自体を使える子は少ないけどね。

中1の生活科学でりんごの皮むきからやらせてる（笑）」

私はここにひとつのヒントがあると思います。

人間は便利だけれど危険なものを使いこなすことで文明を進歩させてきました。たとえば「火」。「刃物」も同様です。その延長線上に「原発」もあれば「スマホ」も「インターネット」もあるととらえられます。

「個体発生は系統発生をくり返す」といいます。であるならば、原始の人類が、火や刃物を使い始めたときと同じような体験を、子供たちも幼いうちに追体験すべきでしょう。そうすることで、危険なものへの感度が上がります。危険をうまくコントロールしながら、利便性を得ることができるようになります。

ナイフの扱い方にさえ慣れておけば、あとからナタやノコギリや彫刻刀などを手にしても、すぐに使いこなせるようになるように、小さいときに火や刃物に十分に触れて、危険との付き合い方、距離の取り方を十分に学んでおいた子供は、その感覚をもとにして、便利だけど危険な文明の利器も比較的短期間で使いこなせるようになるのではないでしょうか。

小さなころに、「危ないから触っちゃダメ」とやっていると、危険に対する感度が鈍いままで、いざスマホやインターネットに触れたときに、危険察知能力が作動せず、大怪我《けが》をしてしまうことがあるのではないでしょうか。

その意味で、たき火をしたり、ナイフで木を削ったりという体験は、幼いうちにたくさんしておいたほうがいいように思います。科学的な根拠はありませんが。

ネット上の文字と紙の上の文字の違い

平先生はスマホの影響を別の観点からもとらえています。

「ちょっと危惧するのは、いまの子供たちはフロー情報に慣れてしまっていて、終わったら何も残らないのが当たり前になっていること。ネットの影響だと思います。断片的な情報だけが止めどなく流れていくからいちいちそれを自分のなかに取り込もうというモチベーションが働かない。テレビを見るならバラエティばかりでなくニュースや特集を見てほしいし、やっぱり印刷された活字は読んでほしい。麻布の国語の先生は『漫画でもいい』

と言いますよ。漫画のなかに活字があって、ストーリーや世界観が練り込まれていますから」

一つのまとまった思想が練り込まれた文章を読む機会が、大人でも極端に減っているのではないかと私も思います。ネット上で、ただ一つの側面から見える事実を切り取っただけの、その場限りの文章を読むことに慣れてしまっている。

インターネット上にあふれる無料の文章の違いについては、私も社会人向けのセミナーで話したことがあります。

飲みやすさだけを追求してとにかく大量に消費されることを目的にした清涼飲料水みたいにしてつくられるのがインターネット上の文章です。もちろんすべてとは言いませんが。それに対して、それなりの対価を支払って読む本というのは、しっかり自分のアゴでかんで咀嚼《そしゃく》して味わったうえで、その後時間をかけて栄養を吸収し、それがそのひとに力を与え、そのひと自身になっていく、玄米とか肉とかのリアルな食料みたいなものにたとえられます。

清涼飲料水のような文章ばかりをガブガブ飲み込むだけの生活をしていたら、玄米や肉のような歯ごたえのあるものは食べられなくなってしまうでしょう。それでは知的栄養失調に陥るのも時間の問題です。

大学入試改革で「読解力」が崩壊する⁉

それでいうととても気になっているのが、大学入試改革にともないセンター試験の後釜《あとがま》として実施される予定の「共通テスト」の国語です。思想が練り込まれた文章ではなくて、電化製品の取扱説明書を読むときみたいに、どこにどんな情報があるかを探す能力を見ているだけのような気がします。あれが「読解力」だとされてしまったら、日本人の読解力は崩壊するのではないでしょうか。

小説はいわずもがな、論述文であっても、思想家がすごく抽象度の高いことを、たとえ話を多用しながら論理展開していくとか、そういう立体的な文章の読み方ができなくなるのではないかと危機感を覚えます。

ましてや「共通テスト」で、たった数十字程度の記述式問題を出したところで、何がわかるというのでしょうか。

一度に50万人以上が受験するテストの国語の問題に3題だけ記述式問題が出されることが決まっています。従来のセンター試験ではマーク式の問題しかありませんでしたが、今後は表現力も試そうという主旨です。その主旨には賛同できます。しかしいちばん長いものでも解答欄は80字から120字です。その他2題は30字以内と40字以内です。

たったそれだけの記述式問題を採点するために、採点を受託した業者は大量のアルバイトを雇わなければなりません。採点者によって採点基準がずれてはいけませんから、採点基準を明確化しなければいけません。採点基準を明確にするためには、解答の仕方がある程度限定されるような出題の仕方をしなければいけなくなります。

解答の自由度をなくすのなら、何のための記述式問題でしょうか。大量のアルバイトでもブレが生じないような機械的な採点をするのなら、いっそAIに採点させるほうがよいということになります。でもちょっと待ってください。「これからはAIにはできない言語運用能力をもつひとたちを育てなければいけない」といわれている時代に、AIに採点できるような記述式問題を出して何の意味があるのでしょうか。矛盾だらけです。

大学進学も大切ですが、大学入試改革に振り回されているようではもっと大切なものを見失う危険性があります。人間にとって本来必要な言語運用能力は、万葉集、いや、論語の時代から変わっていません。この点については、目先の時代の変化に惑わされず、本来身につけるべき普遍的な力を身につけるように、学校の先生方はもちろん、親御さんたちも意識をしなければなりません。

批判することまでが本当の「読解力」

平先生も次のように言います。

「いま新聞を取ってない理由として『ネットのニュースを読めばわかるから』ということもあります。でも、新聞にはやはり社説とか論壇みたいなものがあって、そこには主張があって、それに従えというわけではなく、自分の考えと照らし合わせながら読むということに意味があったのに。そこが忘れられていますよね」

同じ情報に接しても、視点を変えれば見え方が違うわけです。ところが、ファクトの情報だけが流れていて、視点を変えるチャンスが減ってしまっているというのです。
「高校教育の到達点というのは、いわゆる朝日とか毎日とか読売とか、そういう全国紙の1面から、政治面、社会面、文化面、スポーツ面、経済面、全部をそれなりに読解できて、つまるところ自分なりの批判ができるようになること。原子力の問題だって、科学の視点からも経済の視点からも環境の視点からも感情的な観点からも理解できなきゃいけない。そういうような読み方ができれば、高校の教育としてはひとつの成果といえるかなと思うんです」

新聞を一通り読解できるというのは、おそらく多くの大人が「そうあってほしいな」と考えていること。しかしそこから先に、〝自分なりの批判ができる〟という部分は、わりと意識されてないのではないでしょうか。

与えられた情報を読み取ることばかりが求められていて、そこから先にあるべき「批判」の重要性が社会的な意味で軽視されているように感じます。「批判＝足を引っ張ること」とすら思われかねない。

でも本来「批判」とは、弱点を補強するプロセスです。**市民が批判する力をもたないと、社会をより良くしていくことはできません。単に現状を批判するという意味だけでは**

なく、より良くするためのアイディアを批判によって洗練しないと、結局現状を変えられないからです。

スマホやゲームが子供を堕落させるのではない

武蔵の加藤《かとう》十握《とつか》先生は、スマホやゲームそのものが子供たちを堕落させる諸悪の根源とは限らないと指摘します。

「『うちの子、朝起きられなくて、毎日叩いて起こして追い出しているんです』という親御さんもいます。でも、本当に起きられない状態になってしまっている子もいると思うんです。逃げ道がなくなってしまっている場合があります。起きられないという症状だけではなくて、スマホ依存にしてもゲーム依存にしても、そうせずにはいられない状態にまで追いつめられてしまっていることがあるんです。ルールを設けて従わせれば表面的には依存をやめさせることはできるかもしれませんが、そのような状態になってしまう背景に目を向けなければ、本質的には何も変わらないんです」

何か別の心的原因があって、結果としてゲームやスマホに逃避する構造があるということです。開成の葛西先生と齊藤先生が、プロの力も借りると言ったのも同じ意味です。

「たとえば武蔵ではたくさんレポートを書かせます。提出が遅れて溜めすぎて借金過多になってしまうと、逃げ道がなくなって、本人の意思とは関係なく、心も体も動かなくなってしまうということがあります。成長の過程で生じる〝穴〟というんでしょうかね、そうした穴に自分から入ってしまうことがあるのです。そうすると、人間関係がうまくいかなくなったり、興味や好奇心が縮んだりします。不安で閉じこもってしまうんですね。そこでスマホを取り上げたり、インターネットへの接続を禁止したりすることは、彼らにとって残り少ない居場所を奪ってしまうことになりかねない。そういう視点は必要だと思います」

要するに、現代のスマホの問題は、本質的にはスマホの問題ではないのです。現実と向き合えなくなってしまった子供たちが、昔なら家出をしたり、不登校になってしまったりしていたものが、現在はスマホの世界に逃避するという行動パターンに変わっているということです。スマホが逃げ場になっているという指摘です。

だとすれば、逃げ場を奪われた子供たちはますます追いつめられてしまいます。子供たちが何から逃げているのかを、大人たちが理解しなければ本質的な解決にはならないと加藤先生は言うのです。

そんなとき、親としてはどう対処すべきなのか。

「そんなときにはすべてをうまくやらせようとせず、『これだけでも頑張りなさい』と、ポイントを絞ってあげることが突破口になることがあります」

心理的に追いつめられている人間は視野が極端に狭くなります。そんなときにあれもこれもと言えば、さらにパニックになってしまいます。そうではなくて、何か一点に集中できるようにしてあげると、そこから徐々に視野が広がることがあるというのです。

話を聞くときは「解決モード」をオフにする

前提として、話をたっぷり聞いてあげることも大切です。話の聞き方にもコツがあります。

悩みや不安を抱えているひとの話を聞くときに最も大事なのは、「解決モード」にならないこと。

「なんとかしてあげたい」という思いが強すぎて、「だったら、こうしてみたらどう？」とか「それならこうすればいいじゃないか」などとアドバイスしてしまったり、「それはあまりいい考えではないと思うな」などと評価してしまったりはNGです。子供は、「僕の話をちゃんと聞いてくれない」と感じてしまいます。

そうではなくて、ただひたすら子供が話したいことを話したいように話させてあげればいいのです。アドバイスや評価は不要です。そのかわり、以下の3つのポイントを意識してください。

（1）頻繁にあいづちを打つ……「うん、うん」「なるほど」など、相手の話のリズムに合わせてあいづちを打ってあげると、相手は話しやすい気持ちになります。

（2）オウム返しをする……テープレコーダーのように、相手の言葉をそのままくり返します。言い換えは不要です。言い換えてはいけません。「そのときつい○○な気持ちになっちゃって……」と言われたら、「そのときつい○○な気持ちになっちゃったんだね……」

とオウム返しすればいいのです。そうすると、相手は自分の話をちゃんと聞いてもらえている安心感を覚えて、さらに本音で話してくれるようになります。

（3）いたわり、ねぎらいの言葉を添える……一通りの話が終わったら、「それはつらかったね。でもよく頑張ったね」などと、いたわりやねぎらいのひと言を添えてあげましょう。相手は、自分の気持ちを理解してもらえたと感じることができて、信頼関係が強まります。

血の通った言語を発することができるか

東大寺《とうだいじ》学園中・高等学校の榊野《さかきの》数馬《かずま》先生は、行事の委員会や部活の連絡がスマホで効率的にできるようになった一方で、生徒たちがフェイス・トゥ・フェイスで会話する機会が減っていることを危惧します。

「これからの時代、ひととひととの対話はますます大切になると思います。ひとの顔を見てきちんと話す。スマホが発達している時代ですが、顔を見て、ひとの動作の細かいところを見て話すことが大切やと思うんです。便利さのなかで、ひとの細かい気持ちの動きだとかに鈍感になっているんじゃないでしょうか」

文字で伝えられる情報は実はごく限られています。たとえば昼休みに弁当をいっしょに食べようという誘いも、身振り手振り表情までを含めて直接伝えれば、深刻な相談事がありそうなのか、昨日のテレビ番組の話をしたいだけなのか、雰囲気でわかる部分は多い。しかしスマホで「お昼、いっしょに、どう?」では、ニュアンスが伝わらない。

テキスト情報だけでコミュニケーションが成り立つと思っていると、大間違いだという指摘です。

桐朋の校長・片岡哲郎《かたおかてつろう》先生も、人工知能が急速に発展している時代において、人間が大事にしなければならないのは対面の関係、あるいは情緒的な関わりだと言います。

「言葉を介さずともわかりあえる力を、どうやったら再び獲得できるのか。そのためのトレーニングの場という意味合いが、中学校や高校にはあると思います。学校でも、当然多くの場面では言葉を介してコミュニケーションをとります。しかし問題は、その言葉に血が通っているかどうかだと思います。人間らしい血の通った言語を発することができるか、あるいは他人の言葉のなかに心を感じることができるかどうか。人工知能が越えることのできない言語運用能力はそこだろうと思います。ろくに対面もせずに文字情報だけでやりとりをしていたら、人間は、人工知能と変わらない存在になってしまうでしょう。『言葉は要《い》らない!』というほどの体験を、桐朋生がどこまでできるか。それが結果として、これからの社会を生きていくうえで重要になってくるのだろうと思います」

人間は理路整然と間違える唯一の動物

人間は、理路整然と間違えることのできる唯一の動物です。非常に頭のいいひとたちが、判断材料を手に入るだけ最大限集めて、1ミリの論理的な飛躍もなく思考したはずなのに、結果的にはとんでもなく大間違いな結論をはじき出してしまっていたということは、よくあることです。

論理が間違っているのではありません。解決しなければいけない課題が大きければ大きいほど、人間が、正しい決断をするために必要な判断材料をすべて集めることなど、原理的に不可能なのです。不完全な判断材料は偏《かたよ》った前提を提供します。前提が偏っていれば、その上にいくら緻密《ちみつ》な論理を積み上げたところで、正しい結論が得られるはずがありません。

同じことがＡＩ（人工知能）にもいえます。インターネット上にあるあらゆるデータを取り込んだところで、そこにある情報は人間がデジタル化した情報にすぎません。ＡＩが自律的に世の中を学んでいこうとしても、ＡＩが取り込める形に加工された情報しか取り込むことができません。それは宇宙や人間の、ほんのわずかな部分を切り取っただけにすぎません。それをあたかも「すべての情報」のようにとらえて判断を下したら、とんでもない結論になることは目に見えています。つまり、**これからはＡＩの時代といわれてはいますが、世の中の複雑な課題解決をＡＩに任せたら、かなりの確率でとんでもない結果になる。**

しかし人間は、そしておそらくその他の動物も植物も、自分のまわりに無限の宇宙が広がっていることを直感的に知っています。自分には到底計り知れないことがあることを大前提に、それに対する畏怖《いふ》の念を抱きながら生きています。目の前で微笑《ほほえ》むひとの目の奥をのぞき込むだけで、幸せを感じることもできれば悲しさを感じることもできます。嘘をつけば自分の心も痛むことを知っています。

それらは決して情報化できない情報です。それを私たちは「感性」と呼んでいます。「正しさ」に近づくためには、論理だけでは不十分。感性が必要です。ＡＩ時代だからこそ、感性による「補正」が重要になるでしょう。

逆にいえば、今後の技術進化の先に、ついにＡＩの限界が見えたとしたら、そこから先に「感性の世界」あるいは「精神世界」があることが、対比的にはっきりとわかるのではないかと思います。これまで科学に頼りすぎていた未成熟な社会がようやく終わりを迎えるのかもしれません。

つまりＡＩ時代こそ、感性の豊かなひとが必要になる。感性が豊かというと、音楽や芸術を愛するみたいなイメージが湧いてくるかもしれませんが、そんなに難しいことではありません。**「このひとといっしょに働きたいな」と思われるひとであれば、どんな時代になってもＡＩに仕事を奪われることはないでしょう。**

早く字を覚えることなんてどうでもいい

ではどのようにして感性を育《はぐく》めばいいのでしょうか。

「これはもうずっと言い続けているんですけれど、実体験をいっぱいさせてほしいということですね。バーチャルじゃなく。それは親しかできないから。それこそ、土の上を裸足《はだし》で歩かせるとか、春の季節のこの感覚を味わわせるとか、電車が好きだったらどんどん乗せるのもいいし、動物が好きなら見に行ったり触らせたりするのもいいし。市場なんかに行くといいけれど、なければスーパーでもいい。野菜の名前も魚の名前も知らない子、多いですからね。いまの子供は想像力がないとか、小説を読まないとかよくいうじゃないですか。でも、想像力を発揮するにはベースがいるんですよ。ベースがなければ想像力は出てこないし、想像力がなければ小説を読んでも場面をイメージできません。イメージの元、類推のベースを、いかに小さいときにつくってあげるか。どこに行ったとかいう記憶はどうでもいいんですよ。皮膚感覚ですよ」というのは灘の大森先生。

実体験の目的は皮膚感覚。脳みその引き出しにしまっている知識ではなく、五感で感じて身体が記憶していて必要なときに自然に反応してしまう感覚のことです。

「小さいときから字を覚えるとか、計算ができるとか、どうでもいいんですよ。すべてのことを体験できるわけじゃないので、実体験なんぼいろいろさせてくださいと言ったって限度があるんだけど。ある程度実体験していると、そこから類推できるんですよ」

たとえば木。公園にあるケヤキの木、ブナの木。触ったことがある、登ったことがある、においをかいだことがある。ちょっとこすると皮膚から血が出るんだというような体感を伴っている体験と、一方で、図鑑なりあるいはタブレットでこれはブナの木で、ケヤキの木で、イチョウの木でと知識としてもっていることの違い。知識としてもっていることによってもそこからちょっとは類推することはできると思います。でも、類推した先のものに体感が伴っているかどうかは大きな違いになる。

「知識からの類推は、大きさとか肌触りとかたぶんわからないと思う。たぶんね。体験を伴ってるほうは、微妙であったり、広かったり、変化とか時間軸が入ってくるし。知識にはなかなか時間が入っていないんですよ。やっぱり、空間的広がり、時間の流れ、におい、変化とか、実体験を伴わないとなかなか身につかない。同じ木でも、季節によって表情が全然違うし、生物とかでも、それこそ成長があるし、命がなくなったら腐ることもあるし、全然違うと思うんですよね」

しかし、「小説を読むときはそうかもしれないけど、そんなのいいんです。うちの子はお医者さんになってくれて、裕福になってくれればいいんです」という親御さんもいるはずです。

「お医者さんってちょうど言いやすいんだけど、いま〝死〟というものを身近に感じたことのない子たちが、なるやん。痛みとかを感じたことない子が医者になって何ができるのということですよね。あまり大事にされすぎて、つねられた痛みとか、殴《なぐ》られた痛みとかわからないから加減がわからないというじゃないですか。そういうのも含めて実体験ですよね。子供は残酷だというけど、たとえば、虫をつぶしたことがある、殺したことがある子と、虫に触ったこともない、見たこともない子では、命に対する思いが全然違うと思う」

幼児期には「センス・オブ・ワンダー」を

灘の先生が「幼児のころにいろんな体験をすることが大事だ」と言いましたとなると、屋久島《やくしま》や知床《しれとこ》半島に大自然を見に行きましょうという話になりやすい。

「そりゃ親が行きたかったら行けばいいんだけども、もっと身近なところでいっぱいあるやろう。道ばたにお花が咲いていたら、名前を知っているかどうかじゃなくて、『お花が咲いてるね。きれいだね』でいいわけですよ。子供は動いているものが大好きですから、虫がいたら『あ、虫さんだ!』と。『虫なんて触るんじゃありません!』じゃなくて。刺されて腫《は》れたりしたら、その分体験が増えて良かったと思わなきゃ(笑)。子供にとったらぜんぶすばらしい、目新しい世界だからね。だからこそ、実体験させてあげてと」

何か特別なことをしなくても、遠出をしなくても、ただ毎日を暮らしているだけで、この世の中はすばらしい、驚きに満ちているという肯定的な感覚を、普段の生活のなかでどれだけ味わわせてやることができるか。

1962年に『沈黙の春』で環境汚染・破壊の実態を告発し、その後世界が経済発展だけでなく、環境保全にも意識を向けるきっかけをつくったとされる海洋生物学者レイチェル・カーソンの遺作に『センス・オブ・ワンダー』があります。彼女の幼い甥《おい》が身近な自然と触れ合うなかで自ら学び、世界に対する畏敬の念を涵養《かんよう》していく様子を、繊細なタッチで描いたエッセイです。

大森先生の言う「実体験をいっぱいさせてあげてください」というのが具体的にはどういうことなのか、これを読むとイメージが湧きやすいと思います。

子供は自然か<u>ら</u>、自然<u>に</u>学びます。子供も自然の一部ですから。わざわざ世界遺産の大自然まで足を運んで、動植物の名前を覚えさせたり、絵日記を書かせたりする必要はないのです。

幼児期にやってほしい3つのこと

「幼児期に大切なのは身体をつくること、そして知識よりも感性を磨くこと。そのために必要なことが3つあります。自然に親しむこと、ひとと関わること、遊ぶことです」というのは麻布の平先生。

「自然に親しむのは、たとえば生き物と触れ合うとか、海や山に行ったり、星や月や太陽を見たりとか、そういうこと。生き物は犬や猫でもいいし、昆虫でもいいし、花でもいい。そういう具体物にたくさん触れることが大切です。ひとと関わるというのは、これもいま、一人っ子なのはしょうがないかもしれないけど、そしたらいろんな友達とか、親類が集まる機会を多くしたりとか、そうした具体的な人間関係をたくさん知るということが大事。私が小さいときは祖父がすぐ近くで零細企業をやっていて、地方から出てきた若い職人さんたちが仕事帰りにうちに風呂に入りに来たりしていた。そういういろんな関係があると、麻布の中学入試の国語には有利かもしれない（笑）。それから、遊ぶ。ビデオとかを観るんじゃなくて、体を動かして遊ぶということ」

自然に親しむことも、ひとと関わることも、自分以外のものとのふれあいです。そして遊ぶことはありのままの自分自身を知ること。そういう体験をたくさん積んでおくと、自分を知り世界を知るうえでの土台になるということです。

「子供と大人でいうと、いろんな部分が違うんだよね。子供は興味関心、大人は利害得失。子供は好き嫌い、大人は義理とか義務。子供は身体性、大人は精神性。子供は具体的、大人は抽象的。子供は話す聞く、大人は読む書く。子供は遊ぶ、大人は学ぶ。子供は自分中心に世の中が回ってると思ってるけど、大人は社会との関係で回るっていう感じかな」

子供から大人になるにしたがって、単純から複雑系になっていたりとか、具体的から抽象的になっていたりとかというふうに、物事の構造の次元が変わっていきます。その原体験として、シンプルな状況でこの3要素をたくさん経験しておくべきということです。

実体験が少ないと中学受験でも不利

平先生は続けます。

「小学校に入ったら、規則正しい生活をして楽しく過ごすこと。特に中学年くらいまでは、自然や社会への好奇心、ひととのつながりを大切にしながら、自分のやりたいことや好きなことを見つけるといい。少年野球をやるのでもいいし、いろんな電車に乗るのでもいい、何でもいい」

ただ、麻布を目指させるような親御さんたちは、中学受験から逆算して最短距離を進ませようとしがち。

「家族で旅行して、いろんな風景を見たり、その土地の名産品を食べたり、関東と関西では鳴いているセミの種類が違うことに気づいたり。月の満ち欠けや天の川を見てみたり、そういう体験があれば、中学受験の勉強も身につきやすいと思います。そのために体験す

るというのもちょっと違うと思うのだけど」

さっきの3要素と同じように、経験があってから勉強するほうが入りやすいということです。いきなり抽象的な文字情報を入れようとしても、それはつらいよねと。実体験がないままにテキストの情報だけというのは、考えてみるとすごく大変なことです。ぜんぶ想像の世界で理解しろと言っているようなものですから。

「そういう体験が豊富にあると、『図鑑を買ってほしい』とか知識欲が出てくるわけです。そう言われたら買ってあげればいいんです。そしたら、自分で時間があるときに眺《なが》めてたりするので。いろんなことに関心をもたせれば間口《まぐち》が広がる」

それを待てずに親のほうからあれこれ与えてしまうと、〝与えられるのを待つひと〟に育ってしまうというわけです。

「いましかできないことをする」が大原則

東大寺学園の榊野先生は「幼児期には、本人がやりたいことをやりたいようにやらせてあげればいいんじゃないかと思うんですけどね」と笑います。

ただし、注意すべき点も一つ教えてくれました。

「『普通』って表現に注意してください。『普通の子より遅れてる』とか『普通でない』とか。『普通』ってなんやねん。結局ほかの子との比較でしょう。よその子にできて、うちの子にできないことがあったとしても、その逆も必ずあるはずです。親はどうしても勉強のできるできないばかりに注目してしまいますが、たとえばどろんこを使って地道に何かを創作するような力は、これからの時代は大事になってくるんじゃないかと思います。そこを伸ばしてやれば、のちのち大きな財産になるんじゃないかと思います」

神奈川の男子校・栄光《えいこう》学園中学高等学校の井本陽久《いもとまさはる》先生も似たようなことを言っていま

す。

「子供は、授業を聞いているときではなくて、自分の頭で考えて、没頭しているときにいちばん伸びます。子供が没頭するには二つの条件が必要です。一つは自分のやり方で自由にできること。もう一つはモヤモヤが置かれるってことです。自分のなかにモヤモヤしたものがあると解決してスッキリしたいと思うでしょ。だから答えを言わないでしばらく放っておいたほうがいい」

だから井本先生の授業では、その日出した問題の答え合わせをその日の授業のなかではしません。次の授業まで考えてもらうためです。それを家庭のなかで応用するにはどうすればいいか。そのチャンスが、子供たちの「悪さ」のなかにあると井本先生は言います。

「そもそも子供が『ふざけ』『いたずら』『ずる』『脱線』をしているときは、いちばん自分の頭で考えているときなんです。それをむやみにストップしてしまうのはもったいない。むしろそれを活かさないと。一般的には悪いとされることのなかにも、子供の良いところを認めるようにすると、子供はどんどん自分で考える子になっていきますよ」

武蔵の高野橋雅之《たかのはしまさゆき》先生も「大人になって役立つスキルを早く身につけることよりも、何かに夢中になる感覚を経験することの意味が大きいと思います。早期教育の幻想ってありますよね。幼いうちに少しでもリードしておこうと思うのでしょうけれど、幼児のころに多少他人より先に進んでいても、そのうちその差は消滅します」と言います。

先生たちの意見をまとめると、「大人になってからできることは大人になってからやればいい」ということです。もちろん本人がプログラミングに興味があればやればいいし、英語に興味があればそれを夢中になってやるのは大歓迎だと思いますが、幼いうちは幼いうちにしかできないこと、成長してしまってからは後戻りして体験できないことをたくさんすべきということです。そういう体験が抜け落ちたまま成長することのほうが怖い。

先生たちでも失敗することはある

そうはいってもつい、親は子供に手を出しすぎてしまいます。その点を、武蔵の加藤先生は、環境保全にたとえます。

「自然を守ろうというときに、野山にまったく手を入れずそのままに放置しておくのが保全ではないんですよね。人間にとっての自然とは、共存できる関係です。そういう自然を保全するならば、近年『里山』と人間の関係が注目されているように、ある程度手を入れる必要がある。基本的には自然のなすがままにしておきながら、ときどき最低限の手を入れてあげる。自然を見るようなおおらかな目で子供を見てあげられるといいのではないでしょうか」

昔のひとたちであれば、「自然」が自由奔放に育ちながら、それでも最終的にはそれなりの形に収まっていくのを身近に見ていたはずです。

でもいまの時代は、親世代であってもそのような「自然」を見たことがない。「このボタンを押すとこっちからこれが出てくる」みたいな直線的な因果律ばかりの人工物に囲まれて生きてきた。だから、**「自然を見るようなおおらかな目」というものを、大人自身が養えていないのかもしれません。**それが子育てをなおさら困難にしているのかもしれません。

「木は必ず曲がるものなのに、それをまっすぐに育てることが自分の責任だと思うから、いつまでも支柱に縛りつけるような子育てになってしまい、親にとっても逃げ道がなくなってしまうのではないでしょうか。人間が人間を見る目自体が貧弱になっているのかもしれません」

同じく武蔵の高野橋先生が補足します。

「私たち教員であっても失敗することはあります。知らず知らずのうちに、子供たちを自分の価値観で評価してしまったり、自分の価値観に沿うように導こうとしてしまったりしている可能性は十分にあると思います」

プロであっても失敗するのですから、親になってまだせいぜい十数年の新米が、失敗するのは当然です。それでも子供はちゃんと育ちます。**親の失敗すら肥《こ》やしにする力が子供にはあるのです。**親が自らの失敗をその都度素直に認めることさえできれば。私はそう思います。

人間は不十分だからこそ愛おしい

ここでちょっと考えてみてください。何でも速く正確にできてしまうスーパーコンピューターのような、文字通り「完璧」なひとがいたとしたら、いっしょに働きたいと思うでしょうか。実際にはそんなひとはいないわけですが、ＡＩが発展して人類のどんな天才よりも速く正確にどんな仕事でもこなしてしまう人間そっくりのロボットが誕生したとして、その彼だか彼女だかといっしょに働いたら、居心地がいいと思えるでしょうか。

「試しに働いてみたい」とは思うかもしれませんが、おそらく、いっしょに働いていても早晩つまらなくなってしまうのではないかと想像します。「スター・ウォーズ」のＲ２-Ｄ２やＣ-３ＰＯのような、ＳＦ映画に出てくる人気のロボットキャラクターは、得てしてどこか抜けていて、不完全なところがありますよね。

「親や先生の不完全なところを批判し、反抗していくなかで、気づくのではないでしょうか。オールマイティだからひとはひとを愛するのではなく、自分も含めて、人間は不完全だからこそ愛おしく思えるんだということに。それが思春期においてはとても大事なように思います」

そう教えてくれたのは海城《かいじょう》中学高等学校の八塚憲郎《やつづかけんろう》先生でした。

ましてや不完全な存在である親が、子供には１００点満点を求めるというのは、どう考えても筋が違います。親こそ率先して「ダメでいい、ダメがいい。そんなあなたが大好き

だ」と子供に伝えるべきではないでしょうか。

第3章

英語力より
大事なものとは?

Point

グローバル化が進んでいるのは間違いありませんが、単なる商業的な競争のために叫ばれる「グローバル化」には踊らされるべきではありません。安易な英会話教育は、この社会を内側から瓦解《がかい》させるでしょう。経済界が喧伝《けんでん》する「グローバル人材」という幻想について。

グローバル企業で活躍することが偉いのか?

「20世紀の終わりのころから、経済活動のしくみとして、グローバル経済といわれるようになりました。資本やものやひとが国境を越えて経済活動が行なわれるということです。それに必要なのは共通の言語であったり、共通のツールであったり、共通の行動基準だと思います。『グローバル』という言葉はそうやってもともとは経済の分野から発生した概念だと思います」

桐朋の片岡先生はそう指摘します。

「財界の意志を反映して、『グローバル時代にふさわしい人材を育成する』とか『グローバル時代に対応できる人材を育成する』といった場合には、経済活動上のスキルを若者に身につけさせる必要があるという意味合いで議論されることが多いように思います。一方で、『グローバル』というのはもともと『地球』という意味なので、これからの時代には地球規模でものごとを考えなければいけないという意識が我々のなかにあります。たとえば先進国が先進国の都合だけでものごとを考えるのではいけません。地球上に何十億というひとがいて、そのごくひと握りのひとたちが富の大半を手にしているようではいけません。先進国がエゴを捨てて、これまでとは違った視点から、地球全体のことを考えなければいけない局面に来ているのだと思います」

「グローバル」という言葉がもつこの二つの意味が混同して使われているために、いま、世の中にいろいろな矛盾が生じているという指摘です。

「たとえば地球規模での経済活動を保証するためには、異なる政治体制、異なる文化、異なる価値基準、異なる正義観などを均質化していく方向に進みます。そして経済活動にとっての大きな脅威となり得る要素は取り除いていくことが必要になります。それがこれまで戦争という形で表出したりしていたわけです」

そういう流れのなかで、テロなどの問題も生じている。

「グローバル経済が大きな経済格差をもたらすであろうことも、かねてより指摘されていました。日本においても格差は重要な問題になっています。だから学校現場でもキャリア教育のようなものに力を入れて、いかに『正社員』に育てるかを画策したりするわけです。大学なんて特に、そこに躍起になっている感じがします。教育の軸足がそちら側に偏《かたよ》りすぎているような印象も受けます」

日本だけではありません。

「イギリスのEU離脱、トランプ政権の誕生、その後もヨーロッパの大国の選挙では、社会階層による対立が表面化しています。信じられないことが起きているように語られがちですが、グローバル経済が発展していくのであれば、当然予測のできたことだったはずなのです」

片岡先生はもともと社会科の教員です。

「そういう時代のなかで、外側では異なる価値観や文化をもったひとたちとの関係をつくっていかなければいけません。その関係性なしには、地球規模の課題は解決できません。多様性に対してある種の寛容さをもって、そのなかに共通の正義だとか共通の価値観を見出す作業をどうやっていくのか。内側では、『分断』という言葉に象徴されるように、一人一人の人間が関係性を失っているというか、閉塞感を感じているというか、そういう社会のあり方をどういうふうにしていけばいいのか。外側にも内側にも似たような問題を抱えているというのが私たちの社会の現実だろうと思います」

「グローバル社会」を連呼するのなら、本当に私たち親世代が考えなくてはいけないのは、GAFA（グーグル、アップル、フェイスブック、アマゾン）のような超グローバル企業のなかで活躍できる〝勝ち組〟を育てることではなく、急速なグローバル化に対する反動としての国内外の「分断」を乗り越えられる若者たちを育てることではないでしょうか。

ビジネスマンの「促成栽培」ではダメ

巣鴨《すがも》中学校・高等学校の校長・堀内不二夫《ほりうちふじお》先生の認識も似ています。

「しばらく前までの世界というのは先進国と発展途上国があって、この境《さかい》目《め》がいってみれば、地理的にも人間的にもフロンティアで、先進国が発展途上国にどんどん進出することで、人間も市場も支配するモデルでした。いまでもその構造は残っていますが、発展途上国の人間と先進国の人間とが、ひととしては対等である前提に立たなければいけないという意識が強まってきた。すると企業は、もうけながら、かつ、相手側にも利があるようにしていかなければならない。援助もしなければならない。利のある義というか、義のある利というのか。そういう考え方をもたないと先進国としてはやっていけなくなってくる。そういう時代だろうと思います。そういうなかで子供たちは生きていかなければならない。昔に比べると複雑な時代を生きなきゃいけないわけです」

堀内校長ももともと社会科の教員です。

「そんな閉塞感のなかで、先進国内にも鬱憤《うっぷん》が溜まってきている。勝手にやろうみたいなリーダーが出てきている。でもそれは通らないですよね。いまのままではEUだってもたないんじゃないかと思います。『利の義』だか『義の利』だかわからないけれど、あの手の感覚は日本人はもってると思うんです。そういった考え方が、認められるというか、注目されるというか、そういう時代に動いていくんじゃないでしょうか。半分期待も込めて、そう思っています」

日本の文化が、世界の新しい秩序のヒントになるのではないかというのです。

「精神の強靭《きょうじん》さ、精神の幅広さ、そうした観点から中等教育(中学校・高等学校に相当する教育課程)は見直されていく時期に入っていくはずだと思います。そうでなければいけないと思う。あんまりそういうことを言うと、いまの保護者には受けが悪いのかもしれませんが、やっぱり、単に、いわゆる経済的な利得だけを求めるっていう人間にはなってほしくないなとは思うのです」

実際、社会全体が利得に偏り、教育もそれに引っ張られすぎているように私も感じます。

「お金を稼ぐことは悪いことではありませんからね。でも最近、若くして起業することをやたらともてはやしますよね。でも、わざわざ子供に金勘定教えてどうするのかというのが、私のなかにあります。いずれ社会に出るんだから、金勘定は社会で覚えればいい。子供の時代に読むべき本もあるだろうし、勉強もあるだろうし、友達との関係もあるだろうし。もっとそっちに時間を使うべきでしょう。『どうやったら起業できますか？』なんて、社会に出てやりたくなったら、詳しいひとに相談すればいいじゃないですか。でもそういうことを言っていると、なんか古いっていう話になる（笑）」

中高生にビジネスマンのまねごとをさせることは、促成栽培のビジネスマンを育てているようで、私も感心しません。

じっくりと時間をかけて、たくさんの日光と雨を浴びて自ら大地の養分を吸収できるようになれば、青々とたくましく育つものを、ビニールハウスに入れて養分を与えてとにかく早く育てようとする。たしかにそれでも育つには育つが、いつまでも肥料を与え、温度管理をしてやらないと枯れてしまう。

「特にいま、IT関係だったらできるじゃないですか、起業するくらい、子供だって。それがなんだと思うんですよね」

「グローバル化」には踊らされない

経済界のひとたちは「これからはグローバルな時代」を連呼しますが、だからなんだというのでしょうか。

彼らは地球の裏側のひとたちにも自分たちの商品を買ってもらいたいと思っているだけです。ほかの国の競合会社も同じことを考えていますから、彼らとの競争に勝てる社員がほしいと思っているだけです。

いまさらわざわざそのようなことを連呼する企業は、そもそも国内需要だけで大きくなってきた旧態依然とした体質の企業です。その時代遅れの船に乗ることこそ、21世紀の社会を生き残るうえでは賢い選択ではないと私は思います。

もし子供世代がこぞって海外に行ってしまい、大規模な人口流出が起こり、国内需要が急激に縮小したら、そういう会社こそあっという間に潰《つぶ》れます。そのとき彼らは断末魔のように「日本人は英語なんて勉強しないでいい。日本に留まるべきだ」と訴えるのでしょうか。

要するに彼らは、子供たちの生き残りのために「グローバル」と言っているのではなくて、自分たちが生き残るために「グローバル」と言っているだけです。単なる商業的な競争のために叫ばれる「グローバル化」には踊らされるべきではありません。

英語は単なる「ツール」ではない

それなのに、そういった企業のお偉いさんの意見を取り入れて、「これからは使える英語を学ばなきゃいけない。大学入試でも英語の4技能を見るようにしよう」という話になっています。

せっかく英語を勉強しているのですから、話せるようになったほうがうれしいに決まっています。しかし「英語をやっておかないと、将来食いっぱぐれるかもしれない」という強迫観念的に英語を学ぶのだとしたら、そんなにせこくてつまらない学びはありません。

そのような考え方は、そもそも「ひとはなぜ学ぶのか」という問いを矮小化《わいしょうか》してしまいます。目先の目的にとらわれた学びしかしていないと、世の中を哲学的にとらえる視野はどんどん狭くなります。

同じくよく聞くセリフに「英語はツールにすぎない」というのがあります。ビジネスの観点でいえばたしかにそうです。しかし学校で英語を学ぶことには、ビジネスに必要なツールを手に入れる以上のメタ（上位概念的）な意味があります。

前章で触れたように、子供はさまざまな実体験を通して世の中について学んでいきます。火は熱いもので触ればやけどする。植物に水をやらないと枯れるし、日光を当てないと元気に育たない。陶器のお茶碗を落とせば割れるが、プラスチックのお茶碗は割れない。……などなど、生活のなかで無意識のうちに学んでいきます。しかし、学校で勉強をするようになると、その背景にある科学的概念を理解しはじめます。「だから植物には日光が必要なんだ！」ということを概念的に理解します。

つまり、生活的概念においてはモノから概念へという道をたどったあとに、科学的概念においては逆に概念からモノへの道をたどります。

このようにして科学的概念と生活的概念の発達が、反対の道をとおって進むからこそ、この両者のあいだに密接な相互関係が生まれることになります。

子どもが科学的概念を習得し、それを自覚し得るためには、生活的概念の発達が一定の水準にまで達していることが必要です。いわば下から上への長い歴史を歩んだ生活的概念は、科学的概念の下への成長の道をあらかじめ踏み均すのです。

同じようにして、上から下への道をある程度歩んだ科学的概念は、そのことによって生活的概念の下から上への発達の道を踏み均し、概念の高次な特性に必要な一連の構造を用意します。

科学的概念は、生活的概念を通じて下へと成長し、生活的概念は、科学的概念を通じて上へと成長するのです。

これと同じような関係が、外国語の習得と母語の発展のあいだにも見られます。母語の発展が言葉の自然発生的な利用からはじまり、言語形式の自覚とマスターで終わるとすれば、外国語の発達は、言語の自覚とその随意的な使用からはじまり、自由な自然発生的な会話に最後に到達します。

（柴田義松『ヴィゴツキー入門』より）

「日本語を学ぶのと同じように英語を学ぶ」という方法もたしかにあり、コミュニケーションのツールとしての英語を身につけるだけならそれでも十分なのかもしれませんが、それでは本当の意味で外国語を学んだことにはなりません。

外国語を論理的に学習することの重要性

各界の最前線で活躍する学者やパフォーマーが、最先端の知見を短時間でプレゼンテーションする動画を毎日配信しているＴＥＤというインターネットサービスがあります。ときどき英語のリスニングの練習を兼ねて私も観ます。

先日観た、いかに言語が人間の思考を形づくるかというテーマは非常に面白いものでした。アメリカの認知科学者レラ・ボロディッキーによるプレゼンテーションです。

左右の概念をもたず常に東西南北で方向を表わす言語を話すひとたちは方向感覚が鋭敏になる。「橋」を女性名詞として扱うドイツ語では「橋」に「美しい」「優雅」などの女性的な形容詞が付きやすいが、「橋」を男性名詞として扱うスペイン語では「強い」「長い」など男性的な形容詞が使われやすい。腕を骨折すると、英語では、〝I broke my arm.〟と言うが、大方の言語で「私は自分の腕を折った」と言えば、気でも狂ったのかと思われる。

私にも覚えがあります。中学生のころ、〝May I have a fork?〟という文章を学びました。衝撃でした。

日本語では「フォークをください」と言いますよね。日本語では相手と自分をつなぐ「くれる」という動詞が使われます。しかし英語の文には、相手の存在がない。どんな手段であれ、最終的に自分がフォークを手にしていればいいのです。

最後にボロディッキー博士は言います。「これは自問する機会を与えてくれるでしょう」。「なぜ自分はこんな考え方をするのか?」「どうすれば違った考え方ができるだろう?」。自分の言語を他の言語と比較することで、自分の思考を知り、変えることもできるというのです。

外国語を学ぶいちばんの価値もここにあると私は思います。

論理的に外国語を学ぶことで、無意識で扱えてしまっていた母国語が相対化される。すると母国語を思考のツールとして意識的に使いこなせるようになる。丁寧に論理的に思考を言葉にしていく作業を重ねると、自分でも思いもよらなかった概念的発見ができることがある。思考の次元が変わる。

かつてゲーテは言いました。

「外国語を一つも知らない者は、母語をも本当には知らない」

なにもペラペラになるまで外国語をマスターする必要はありません。学べば学んだぶんだけ、思考は広がる。それは自分の内なる宇宙を広げることだといってもいいし、宇宙を観る解像度を上げることだといってもいい。

この効果に比べれば、日常会話程度の外国語が話せることなどさほどの価値もないといっていいでしょう。

これは「感覚的」にコミュニケーションツールとしての外国語を「習得」することでは得られないメリットです。

安易な英語教育は社会を内側から破壊する

英語を話せるように「習得」することばかりに重点を置きすぎて、英語を外国語として論理的に「学習」することをおろそかにすると、おそらく私たちの思考力も日本語力も低下するでしょう。


国民のTOEICの平均点が上がっても、満足に母語を使いこなすこともできない思考力の低い人間が大量生産されてしまうのだとしたら、グローバル社会での競争に勝ち抜くどころか、社会は内側から瓦解するでしょう。そんなことは火を見るより明らかです。

アメリカの国務省によれば、日本に赴任する駐在員が日常会話レベルの日本語をマスターするまで約2760時間を要するといいます。英語に近い言語なら約480時間でいい。それだけ英語と日本語はかけ離れているということです。

しかしビジネスの上でのコミュニケーションツールとしての語学力は、近い将来、まったく違和感なくリアルタイムに同時通訳してくれる自動通訳機にとって代わられるはずです。そのために約2760時間を費やすくらいなら、いろいろなひとと話して、いろいろな冒険をするほうが、これからのグローバル社会を生きていくうえで有益な多くのことを得られるはずです。

武蔵の英語教師・岸田生馬《きしだいくま》先生（当時）は、**「使える英語を身につけさせるのは当然ですが、武蔵では英語の授業を英会話教室のようにはしない」**と言います。旧制高校時代から現在に至るまで第二外国語を必修にしている伝統をもつ武蔵らしい信念です。

バイリンガル教育をするのは結構ですが、その場合、論理的思考ができるようになる12歳前後から第二外国語を「論理的」に「学習」する機会を設けたほうがいいでしょう。そうしないと、日本語を客観的に学び直すことのないまま大人になってしまいます。

英語のネイティブよりもお年寄りとの対話が大事

「グローバル云々でいえば、英語をどうするかというよりも、自分がよって立つところは何かをきちんと踏まえる必要が高まりますね」と言うのは灘の大森先生。

視野を広げるだけではダメで、自分を深めなきゃいけない。

「日本のことを知っていないと、あるいは日本語のことをわかっていないと、海外に行って偉そうにいろんなこと言ったって、底が浅いことがばれてしまいます。表面的なことをいっぱい知ってるだけじゃダメですよね。教養をいかに獲得するかということになる。そのためには、身の回りのことであったりとか、日本のことであったりとか、そういうことについてより深く知ることが大事だと思いますけどね。要するに自分がないのに世界がわかるかという話です」

いうまでもなく、思春期は自分をつくる時期。グローバル化の時代だからこそ、自分自身を見つめなければいけない。それをいまのうちにやっておかないとあとですぐに限界が来てしまう。

「世界の最先端とかはあとでいいので、まずは自分のルーツであったり、手近なことに関心をもたないと根無し草になっちゃうわけで。世界のトップ企業の役員の話を聞くのも、本当に興味があればいいですけれど、それよりも自分の親や、じいさんやばあさんの話を聞くことが大事だと思いますよ」

「グローバル」より「シームレス」な感覚を

海城の校長・柴田澄雄《しばたすみお》先生は、大手商社を定年退職後、秋田の国際教養《こくさいきょうよう》大学で教え、海城にやってきた異色の経歴の持ち主です。グローバル経済の現場をその目で見てきました。

将来グローバル社会のなかに生きることになるであろういまの子供たちが、身につけておかなければいけない力とは何か。

「まずは基礎学力だと思います。一般教養といってもいい」

いきなり海外に目を向けるというのではなく、まずは普通の勉強をしっかりやることがグローバル教育の大前提だということです。

「性格的には、たくましく、かつ、しなやかで、さらにユーモアがある人間を育てたいなと思います。特にユーモアもしくはウィットの感覚というのはいま日本人にいちばん欠けているものであって、いわゆるグローバルな人間になるためには一般教養にプラスして重要です。そういう若者のほうが、まじめ一辺倒の若者よりも社会に出て伸びしろがあるんです。これは大学で教えていた経験から断言できます。また、いろいろな文化のひとと働いた経験からいえば、日本人は、そういう意味での高い潜在能力をもともともっている国民だと思います。いま、世界のなかで日本は再評価されはじめています。だから生徒たちにはもっと自信をもってほしい。一つのことで失敗しても、それを糧にして、次のことにチャレンジできるような精神的強さも身につけてほしい」

そのために子供たちがすべきことは何か。

「いちばん必要なのは読書だと思います。読書は未知なる世界に『自分を開く』ということですから」

目の前に未知なる世界が広がっているとき、そこに一歩を踏み出せるか否かは、自分自身が心を開くか否かの違いでしかありません。未知なる世界を前にすれば、誰だって恐怖や不安を感じるでしょう。しかしそれに打ち勝ち、心を開き、一歩を踏み出したとき、「自分自身が開かれていく感覚」を覚えるはずです。読書はその基礎訓練になるというのです。

ただし、現在は読書以外にも自分を開く方法はさまざまある。これまでは自分の知らない世界を知る最も手っ取り早い方法が読書に限られていたわけですが、現在ではさまざまなメディアでそれが可能になっています。世の中に一定数存在するであろう読書が苦手な子供たちにも、自分を開くチャンスは広がっているのです。新メディアの内容に玉石混淆の感はありますが、それは残念ながら書籍とて同じです。

実際に「自分が開かれていく感覚」を体感するためには、やはり若いうちに海外に行ったほうがいいのでしょうか。誰もができる選択ではないと思いますが。

「いやそういうことではありません。身近にあるちょっとした葛藤《かっとう》すべてが、自分を開くチャンスなんです」

たとえば電車の中でお年寄りに席を譲ろうかどうしようかもじもじしてしまっているようなとき。思い切って席を立ち、「どうぞ」と言ってその場を立ち去り、自らすがすがしさを感じた経験があるひとは多いのではないでしょうか。

そんな日常の小さなことの積み重ねが、世界へと自分を開くことのできるグローバルな人間を育てることにつながるのかもしれません。つまり、**「グローバル」という世界があるわけではなく、もともと世界はシームレス（境界がない）であり、今後は行動範囲がますます広がるというだけの話です。**

子供たちはスマホじゃない

「これからは英語が必要だ」「ITリテラシーも必要だ」「偏差値よりも思考力だ」「ディスカッションやディベート能力がないとこれからのグローバル社会では生きていけない」などと、大人たちは自分たちの未来予測に基づいて、もっともらしいことを言います。

しかしもしその未来予測が外れたら子供たちが生きていけなくなるのだとしたら、それは本当の「生きる力」とはいえないはずです。「生きる力」という言葉には、「どんな世の中になっても生きていけるための力」というニュアンスが込められているはずです。

大昔においては、狩猟のスキルが生死を分けました。農耕のスキルが最重要だった時代もあります。戦いのスキルが求められた時代もありました。そして現在……。時代によって、生きていくために必要なスキルは変わります。しかもその変化は現在加速度的に速くなってきています。つまり、未来予測はたいへん困難。

つまり**「生きるためにこれとこれが必要だ」と教えてもらうことでは「生きる力」は身につきません。その場その場で自分が生きていくうえで必要なものを自分で見極めて、どうやったらそれを手にすることができるかを考え、そのための努力を続けることができる力こそが「生きる力」の正体です。**

その意味では、「自分は英語ができなくて悔しい思いをしたから、お前には同じ思いをさせたくない。だからとにかく英語はやりなさい」と親が子に言うのは「生きる力」を授けることとは真逆のメッセージではないかと私は感じます。

小さいころから英語を勉強して、流暢《りゅうちょう》な発音を身につけることが「生きる力」になるのではなく、英語が必要だと感じればただちにそれを習得し、中国語が必要だと感じればただちにそれを習得することができる力を携えさせることこそが「生きる力」になるのだと私は思います。

さらに言えば、**グローバルに活躍するということは、日本という足場を離れ、文化も価値観も生活様式も異なる人々と渡り合うということです。常に「アウェイ」の状態で力を発揮しなければいけないということです。**

そのような状況になってから、「あれが足りない、これも足りない」と不平を言っても始まりません。常に何かが足りないという前提で、ベストを尽くすことができなければなりません。とりあえず手元にあるものだけで強大な困難に立ち向かうことができる「知恵と度胸」こそがものをいうはずです。

そう考えると、**「グローバル人材になるためには、あれとこれが必要だ」という発想自体、「グローバル人材的」ではない。**

それなのに、いまの教育議論は、「子供に何を教え授けるべきか」ばかりに終始しているように思います。それは、使うか使わないのかわからないようなアプリを片っ端からスマホにインストールするようなことです。そんなことより大事なのは、将来どんなアプリでもすぐにインストールできるように、スマホそのものの性能を上げておくことではないでしょうか。

むしろ「手元には一本のナイフしかない。これを使って、どんな道具をつくり出し、どうやって森のなかで生き延びる?」というようなことを考える訓練を積むことこそが、グローバル人材に必要な力の育成には重要なのではないかと私は思います。その意味で、**原始の森のなかで生き抜く力と現代のグローバル社会のなかで生き抜く力との間にはさほどの差はないのだと思います。**

急速な社会のグローバル化を前にして、「グローバル人材にならなければいけない」「もっと強力な生きる力が必要だ」と慌てふためいているのは、「自分たちの経験則がもう役に立たない」と感じている大人たちです。

だからといって子供たちにあれもこれもと教え込もうとするのは、子供からしてみればありがた迷惑以外の何物でもありません。**あれもこれもと与えすぎることは、逆に子供たちの「生きる力」をそぐことになりかねません。**

「人材育成」と「教育」は似て非なるもの

そもそも「グローバル人材」という言葉は教育にはそぐいません。

「木材」も「食材」も「材」と呼ばれるものは基本的にすでに死んでいますよね。一般に、なんらかの大きな組織の一部として押し込めるという目的のために、本来生きている姿から邪魔なものを切り落とされ、扱いやすい状態に加工されたもののことを「材料」と呼びます。

同様に、「人材」という言葉からは生命力が感じられません。

「グローバル人材を育成する」というフレーズもよく聞きますが、それは企業の理屈であって、教育に適したフレーズではありません。

「教育」と「人材育成」は似て非なるものです。

学問とは「問うて学ぶ」こと。勉強とは「強いて勉める」こと。**たとえるなら、勉強と**

は地中に根を張るようなこと。学問とは天に向かって幹や枝葉を伸ばしていくようなこと。先人たちの知恵を効率よく吸い上げられるように根を縦横無尽に張り巡らせることで、はじめて誰も到達したことのない空中へ枝葉を伸ばすことが可能になります。

ただし、梅には梅の育て方があり、松には松の育て方がある。それぞれ適切な環境を与えられれば、小さな種子は自らの力で芽吹き、自らの力で根を張り、自らの力で枝葉を伸ばし、大木となる。それが教育です。つまり教育とは、それぞれの人間の特性を見極め、好ましい環境を与えること。

一方、「人材育成」とは、なんらかの目的に合う材料として一定のスペックをもつ状態に人間を加工すること。どうやったら効率よく「人材」を育成することができるかに主眼が置かれます。

教育畑のひとと経済界のひととの「教育論議」がかみ合わない理由はここにあります。経済界のひとたちは得てして「人材育成」のことを「教育」と勘違いしているのです。

わんぱく坊主ややんちゃ坊主こそ見込みがある

世間一般にいう「グローバル人材」を「先の読めない時代をグローバルに生きていけるひと」と置き換えたとして、そのようなひとになるために必要な要素は何でしょう。結局は、昔から立派な人物とされるひとたちがもっていた総合的な「人間力」でしかありません。さらにその要素を因数分解すると、「折れない心」「臨機応変な対応力」「好奇心」「自己主張する力」「交渉力」などになるでしょうか。

その点、たとえばスーパーのお菓子売り場で大の字になってでも自分の目的を達成しようとする粘り強さはそのまま「折れない心」となります。一方で、「臨機応変な対応力」とは、たとえばどうやってもうまくできないことはさっさとあきらめて別の何かに取り組む切り替えの速さ。「好奇心」とは、身の回りのあらゆるものに興味を示し、いたずらという実験をくり返す力。「自己主張する力」とは、友達と衝突してでも自分の意志を伝えようとする意欲。「交渉力」とは利害のぶつかる相手とのうまい落としどころを探る力……。

どれも一般的には「困ったちゃん」と呼ばれてしまう子供たちの特徴です。つまり**「困ったちゃん」がそのまま大人になれば「先の読めない時代をグローバルに生きていけるひと」になるはず。**

だとすれば、少々やんちゃでわんぱくな子は、すでに一歩も二歩もリードした状態にあると思えるはずです。

そんなことを言うと、「しつけはしなくていいの？」と心配されそうですが、大丈夫です。

歳をとり、認知能力が向上し、社会性が育てば、「困った行動」は自然に影を潜《ひそ》めます。粘り強さや好奇心はそのままに、ひとに迷惑をかける言動は自然に慎むようになる。叱らないと「困った行動」をいつまでもやめないと思うのは、大きな誤解です。

もしいい年齢になっても「困った行動」がやまないとしたら、原因はしつけではありません。なんらかの不満があり、無意識的に成長することを拒《こば》んでいる状況と考えられます。ありのままの自分の姿を認めようとしてくれない親に対して、無意識的にわざと親の望むのとは逆方向へ進もうとするのはよくあること。

たとえば、親の過干渉から自分を守るために自分の世界を必死に閉じる。それが「ひきこもり」の構造だったりします。

海辺にいる「やどかり」をイメージしてみてください。顔を出してほしいと思ってつつけばつつくほど、殻に閉じこもろうとしますよね。でもほうっておくと、おそるおそる顔を出します。それでもつつかずにほうっておくと、足を出して、そそくさと自分で歩き出します。ちょっぴりそれと似ています。

「これからは先が読めない時代」などとはいいますが、人類史上、先が読めた時代を生きた人間がどれほどいたというのでしょうか。そもそも人間は、先の読めない時代に臨機応変に対応し、生き抜けるようにできているはずなのです。だから何百万年も進化し続けてきたのです。

子供たちにはその能力が生まれながらにして備わっています。だって、アフリカのサハラ砂漠に生まれた子も、アラスカの氷原に生まれた子も、南太平洋の孤島に生まれた子も、みな同様に笑い、学び、健《すこ》やかに育つ力をもっているのですから。これを専門用語ではロバストネス（内的な強さ）と呼びます。

世知辛《せちがら》いコンクリートジャングルに生まれ落ちた子供たちにもその力は必ずある。大人がそれを信じることが、子供への最大の励ましになるはずだと私は思います。

第4章

「自由」に耐える力を鍛える

Point

「正解のない世の中」を生き抜くためには、自ら正解をつくり出す力が必要です。そのためには、つねに「お前はどうしたいんだ?」「お前にとって大切なものは何なんだ?」と問われ続ける状態に耐えられなければなりません。その状態こそ、「自由」なのです。

経験泥棒をしてはいけない

「これからは正解のない時代。そんな時代に生きていかなければいけない子供たちに、いま、どんな教育をすることが正解でしょうか？」という、冗談のようなことがいま、国を挙げてまじめに議論されています。

「これが正解だ」というものを与えられ、それに適応するための教育を受けてきた世代が、正解主義を脱ぎ捨てることができぬまま、正解のない時代の教育を語っているのです。滑稽《こっけい》極まりない。

人類は常に予測不能な未来に、その都度適応しながら生きてきました。もともと正解のない世界を生きる達人です。

なぜそんなことができたのか。**人間は、事後的に「正解」をつくり出す能力に長《た》けていたからです。状況が変わり、いままでうまくいっていたことがうまくいかなくなっても、**

やり方を変えてみて、試行錯誤して、最終的にはうまくいく方法を見つけ出す。要するに失敗から学ぶ能力に長けていたからです。

開成の葛西先生は、「経験泥棒だけはしないでください」と保護者によく伝えるそうです。

「失敗しそうだなと思っても、取り返しがつかないことでなければそのまま失敗させてくださいと。失敗が経験になるわけですから。命に関わること、後遺症が残るようなこと以外は」

でも実際には難しい。

「『朝、起こさないでください』と言っているんですが、起こしますよね。『なんで起こしてくれないんだよ』と言わせて、『あなたが悪いんでしょ』と言うのが大事なんですけど」

親としても、息子のなかに自分の居場所を残しておきたいのかもしれません。息子のなかに、自分がいないきゃダメな部分を残しておきたいというほとんど本能みたいな無意識があるのかもしれません。

灘の大森先生も「人生は失敗しないほうがいいと思いがちだけど、人間は失敗から学ぶんよ。たとえばアニメの世界を目指したいと言って専門学校に行っても厳しい世界だからなかなか思い通りにはいかないかもしれない。でも、自分で選んで『間違ってたな』と本人が思ったらそれはそれでいいわけで」と言います。

最悪なのは子供が失敗したときに「だから最初からダメと言ったじゃないの」と言うこと。「そこで自分の先見《せんけん》の明《めい》を誇ってどうするの?」と大森先生は笑います。「失敗を恐れるな」と言うのなら失敗させろということです。

「ダメと言われてあきらめるくらいならその程度ということですけど。親がダメだと言ってもやっぱりやりたいんだと言うのなら、やらさなしょうがないでしょう。やってみさせて、応援したらいいんですよ。我慢して見守って、失敗したときに『よう頑張ったね。じゃあ、次どうする?』と手を差し伸べる余裕があったらいいんでしょう。そう言われたら子供はどれだけ救われるか」

事後的に「正解」をつくり出す力

一般的には〝最高〟とされる選択肢を得たとしても、それを活かせなければ、その「選択」は悪かったことになります。逆に〝不利〟といわれる選択肢を選んだとしても、それを最大限活かせれば、結果的に最善の選択をしたことになります。

要するに人生における「決断」の良し悪しは、決断したときには決まらない。決断したあとに決まるのです。自分の「決断」を事後的に「正解」にできる力こそ、〝正解のない時代〟に「自ら正解をつくり出す力」になるはずです。

試行錯誤しながら自ら正解をつくり出すためには、自ら決断することが大前提です。自分で選んだ道であれば、最後まであきらめずに前に進もうと思えますが、他人から与えられた道が険《けわ》しい場合、「なんでこんな道を進まなければいけないんだよ」とついひとのせいにしてしまい、頑張る力は湧いてきません。

だから、これからの時代を生きていく子供たちには、「自分で決める力」が不可欠です。ところが実際は、自分から動くことが苦手な、いわゆる「指示待ちっ子」が増えていると、多くの先生が口をそろえます。中学受験最難関校の先生たちの多くは、この原因を、親子二人三脚で乗り越えた中学受験の成功体験によるものと分析していました。

たしかにその面はあるでしょう。現在の中学受験は「親の受験」といわれるほど、親の頑張りが子供の合否を決めると考えられています。実際に、親が効率の良い勉強の仕方を指示して、子供が素直にそれに従えば、偏差値は5や10上がるかもしれません。親が子供に必死に下駄を履かせた状態です。

しかし一度下駄を履いてしまうと、今度はそれを脱ぐことができなくなる。それで中学校に入っても、親は子供の勉強に口出しし、子供も無批判にそれを受け入れるのです。成績は立派かもしれませんが、精神的自立からはほど遠い状態が維持されます。中学受験の負の効果です。中学受験で見事第一志望に合格した成功体験をもつ親子ほど危険です。

開成の齊藤先生は「**親は関わりすぎちゃいけないんだと思います。私は『カーリング親子』って言うんです。子供が進むところを勝手に決めて、その道を進みやすいように掃き清めちゃう。そういうのやめてくださいって、入学ガイダンスのときに保護者には注意し**

ます。中学受験の塾ではそれで成功体験になったかもしれないけれど、ずっとそれをやっていたらダメですよね」と言います。

「自分で考えるな」という学校での刷り込み

しかし視野を広げてみると、必ずしも中学受験の勝ち組ばかりに親子密着が見られるわけではありません。中学受験をしていない親子にも、同様の傾向が多分にあると、公立高校の先生たちも口をそろえます。大学の先生たちも同じです。

中高生の精神的自立が遅れ、自発性が育たない傾向が、いまの世の中全般に見られるのだとしたら、それは中学受験の影響だけでは説明がつきません。

実際、私の感覚では、むしろ中学受験期にしっかりと精神的に支え合った親子は、志望校の合否の結果にかかわらず、お互いを信じてスムーズにお互いの手を放すことができているように思います。「あの子はいざとなったら頑張る」「親はしっかり自分のことを見てくれている、応援してくれている」という信頼が、実感を伴ってお互いのなかにあるからです。

だとしたら何が原因か。

ひとつは少子化によって、親が一人の子にたくさんの手をかけるようになっているから

かもしれません。しかし私がもっと気になるのは、小学校での教育です。

先生の意図しない動きを生徒がしたときに、「誰が座っていいと言った？」「誰がしゃべ

っていいと言った？」などと言う先生がいまだにいるそうです。そんなコミュニケーショ

ンの仕方では、子供たちは何をするにも先生の許可が必要だと、強烈に刷り込まれます。

自発性を削《そ》ぐ効果は抜群です。

作文のなかでまだ学校で習っていない漢字を使うと×にされるという話もよく聞きま

す。「勝手に学ぶな」というメッセージを強烈に突きつけているわけです。完全に受け身

の学習姿勢が刷り込まれます。

まるで子供たちに「自ら考えるな」と必死に教えているように見えます。

ちなみに公立中学校の卒業式では、生徒たちが入場するなり、「静かにしろ！」と先生

が怒鳴《どな》りつける場面も珍しくないようです。先生たちも、それをまったく悪びれもせず、

保護者の前で普通にやる。学校という権力を盾にして振りかざされる上下関係は、「長いものには巻かれておけ」という服従精神を培《つちか》うのにもってこいです。

義務教育の集大成ともいえる式典で、それを教育の成果としてあえて披露しているのでしょう。これを当たり前だと思ってしまえば、ブラック企業にいいように使われる人間に育つわけです。権力者が黒を白だと言えば、それに合わせて公文書も書き換えてしまう人間が育つわけです。

子供の自発性の低さは、親子密着の問題とは別に、この管理教育的な学校の体質の影響も大きいのではないかと私は思います。

学校の先生が個人として悪いわけではありません。構造的な問題だと思います。学校現場への社会的要求は高まるばかり。特に公立の学校の先生たちは多忙を極めます。文部科学省が２０１７年４月に公表した教員勤務実態調査の結果によれば、過労死ラインといわれる週60時間以上の時間外労働勤務をしている教諭が、小学校では約３割、中学では約６割にも上ったとのこと。

先生たち自身に自発的な挑戦をする心身的な余裕がなく、トラブルを起こさないことを最大の目的にクラス運営をしてしまいがちなのです。サラリーマンなら「社畜」と呼ばれる状態です。被管理者に教育される子供たちが被管理者のメンタリティーを受け取るのは当然です。

いま教員の長時間労働を見直す運動が起こっていますが、これは単なる労働問題ではありません。労働者としての教員の立場を守ることは、子供たちの健全な育成を守ることとイコールなのです。

「自由」とは「無限の問いの集合体」

話をもとに戻しましょう。これからの子供たちには自分で決断する力がますます求められるということです。つねに「お前は何を感じているんだ？」「お前は何を考えているんだ？」「お前はどうしたいんだ？」「お前にとって大切なものは何なんだ？」と問われ続ける状態に耐えられなければなりません。そしてその状態こそ、「自由」なのです。

要するに、「自由」とは「無限の問いの集合体」です。「問いを問いとして抱え続ける強

さ」がなければ、「自由」には耐えられません。問いを問いとして抱え続けるためには、簡単に答えを出さない力が要求されます。

つらいのですが、それに耐えられないと、自由はその手からこぼれ落ちる。

みんながモヤモヤしている時代には「私は正解を知っている！　私についてきなさい」ともっともらしいことを言う威勢の良い〝リーダー〟が必ず現われます。みんなのモヤモヤやイライラを利用して、人気を集めるのです。それがファシズムです。

逆にいえば、民主主義とは、社会全体で問いを問いとして抱え続けるしくみです。簡単には答えを出さないことが民主主義の本質です。しかしそのストレスに耐えられないと、人間は誰か強力なカリスマにすがり、自ら思考停止に陥るのです。

映画「スター・ウォーズ」にもそういうプロットが出てきます。

若きジェダイの騎士であるアナキン・スカイウォーカーは、大きな葛藤を抱えたときに、まずは自分の師匠であるヨーダに教えを請《こ》いますが、ヨーダは「それは私にもわからない」と答えます。正解はないのですから当たり前です。しかしアナキンは失望します。モヤモヤに耐えられず、宇宙を統治する元老院の最高議長に相談します。彼の正体が邪悪な「暗黒卿」だとは知らず。

するとと最高議長は「私の言うとおりにすればお前は救われる」と断言します。それでアナキンはモヤモヤから解放され、スッキリします。しかしそこからアナキンは暗黒面に落ちていき、ダース・ベイダーという怪物になってしまうのです。

問いを問いとして抱え続ける強さをもたなかったアナキンの悲劇です。無限の問いの集合体である自由に耐えられないと、誰でも簡単に暗黒面に落ちてしまうということです。

いま現実社会で起きている民主主義の危機、右傾化の流れと同じ構造ではないでしょうか。人々の、問いを問いとして抱え続ける強さが、弱まっているのかもしれません。

高校受験と反抗期の両立が大きな難関

正解のない問いを問いとして抱え続けるということは、俗にいう〝哲学する〟ということです。問いを問いとして抱え続ける強さが弱まっているということは、哲学する力が弱まっているということです。

著名な心理学者のジャン・ピアジェは、14歳くらいから、高度に抽象的な思考ができるようになる、すなわち哲学ができるようになると言いました。日本でも『14歳からの哲学』という本がベストセラーになったことがありますよね。

14歳といえば反抗期の真っ盛り。哲学をしはじめるからこそ、いろいろなことに疑問をもち、強い葛藤を感じ、でもまだそれを的確に言語化できないから、大人に対して、社会に対して、反抗的な態度を示すようになるのです。

つまり反抗期が表われるのは哲学をしている証拠。逆に反抗期がないということは、問いを問いとして抱え続ける強さが磨かれていないということ。それでは将来が心配です。

しかし日本の教育システムでは、14歳という大切な時期に、高校受験勉強がぶつかります。

大人社会に対して思い切り反抗しなければいけない時期に、大人がつくったルールの上で競争をさせられて、しかも「内申点」という大人からの評価に適合的に振る舞うことを半ば強要されます。子供の心理的な発達を考えたときに、これほど理不尽なことはありません。

実際、14〜15歳という最も多感な時期に、同世代の子供たちが一斉に競争させられる高校受験のようなしくみは世界的に見て稀《まれ》です。

映画「ハリー・ポッター」の主人公が通うのは、日本でいうところの小学6年生から高校3年生までが通う7年一貫校です。高校受験がないから、仲間とともにたくさんの冒険をして、自分を知り、世界を知ることができるのです。そうやって少年が大人に成長します。イギリスに限らず欧州先進国においては、高校受験がないのがスタンダードです。

「スタンド・バイ・ミー」という名作も、まさに反抗期の男の子たちの友情と冒険の物語です。アメリカは州によって学校システムが違い、中学校と高校が分かれている場合も多いのですが、それであっても、全員が一斉に同様のペーパーテストを受けて進学先が決まる高校受験のような制度はありません。中学校の成績によって進学先が振り分けられるだけです。

数年前、哲学者・吉野源三郎《よしのげんざぶろう》原作の『君たちはどう生きるか』が漫画化され、ベストセラーになりました。主人公のコペル君も14歳です。哲学をしはじめ、さまざまな葛藤を味わいます。

原作が著されたのは1937年。戦前です。コペル君が通っていたのは、旧制5年制中学校。現在の中高一貫校とほぼ同じしくみの学校です。つまり高校受験がなかったからこそ、コペル君はときには不登校も経験しながら、めいっぱい哲学できたのです。
14〜15歳という年頃は、旅に出て、書物を読み、冒険し、失敗し、仲間とぶつかり合うなかで友情を育《はぐく》み、親や先生以外のいろいろな大人の価値観に触れ、自分を知り、世界を知る時期なのです。紙と鉛筆で勉強している場合ではありません。

そうすることで、自分の軸というか核というか芯のようなものが形成されます。自分以外の何物かの価値観に振り回されにくくなります。それがどんな時代になろうとも、どんな選択を迫られようとも、事後的に正解をつくり出す力の土台となります。それが本当の意味で「自由」になるということです。

みんなが認める〝いい学校〟に行きたいと思うのも、みんなが認める〝いい会社〟に入りたいと思うことも、お金をたくさん稼ぎたいと思うことも、有名になりたいと思うことも、名誉を得たいと思うことも、それこそがひとそれぞれの「自由」ではないかと訴えるひとがいるかもしれません。

でも、その「自由」はあくまでも自分の外側にある権威や価値を前提にしたものです。いくら稼いだって、お金は使えばなくなってしまいます。ほめてくれる他人がいなければ、有名になることも名誉を得ることもできません。**自分以外の何かに寄りかからないと**

価値が証明できない人生は、本当の自由な人生ではありません。

そう考えると、日本の進学システムにおいて、高校受験は間《ま》が悪すぎる。高校受験と反抗期の両立が、子供にとって大きな難関になっています。

子供はたくましいので、大概の子は、高校受験と反抗期を両立させて立派に自立していきます。でも、さまざまな事情により反抗期が長引いてしまったり極端な出方をしてしまったりすると、高校受験で本来の実力を発揮できないこともあるでしょう。ただしそれなら、まだましです。もっと恐ろしいのは逆に、高校受験のプレッシャーで反抗期を抑圧されてしまい、精神的な自立ができないまま思春期を終えてしまうことです。それでは、どんなに立派な学校を出て、立派な会社に就職しても、自由な人生は得られません。

それを回避するために中高一貫校があり、中学受験をする価値があるのだと私は考えています。

子供の精神的自立を考えた場合、中学受験勉強には親子密着を促進しかねないというデメリットはありますが、一方で、ゆったりとした時間のなかで豊かな反抗期を過ごさせてやることができるというメリットもあるのです。

ですから、中学受験をするのなら、親がべったりつきっきりにならず、そのぶん偏差値

が多少低くなってしまってもそれを良しとして本人の頑張りで入れる中高一貫校に入り、そこで豊かな思春期を過ごすことが、私のおすすめです。

子供と同じ土俵に乗ってはいけない

めでたく反抗期がやってきたとしても、こんどは暴言を吐かれた保護者が、死ぬほどショックを受けてしまうこともあります。学校の先生たちは毎年そういう変化を見ているので、おおらかに構えていられますが、一般の親御さんはそこまで達観はできません。

「『くそばばあ』とか『死ね』とか言われてそこでニコニコしているのも変ですしねえ。多少血相変えることも必要なんやろうとは思いますけど。生身の感情でぶつかり合うことも必要ですから、『どこがくそばばあなの。あんた親に向かってよくそんなことが言えるね』くらい言っていいし、言うべきだろうと思います。ぜんぶ余裕かましてスルーしていたら、子供からしても真剣に付き合ってもらえていないと感じるでしょう。ただ、子供も本気で言っているわけじゃないと受け止める余裕はほしいですね。それでいちいち落ち込んでいたら、あなたその歳になるまで人生で何を学んできたのという話です」と言うのは灘の大森先生。

「方法論はそれぞれだと思うんですが、逃げないということですよね。スルーはダメだよね。子供なりに発信しているわけですからね。その信号を上手く受け止めてあげないと。受け止め方はひとそれぞれでいいと思いますけれど」と開成の齊藤先生。

「ごまかさないことが大事ですね。話は聞くし、違ってたら違うよって言うし。まあ、すごく根気よく説明する先生もいますし、私なんかはダメなものはダメだから自分で考えなさいと言うタイプです。あるいは本当にこちらが間違っていたら、『悪かった。違ってた』と認めるし」とは開成の葛西先生。

葛西先生はさらに続けます。

「同じ土俵には立たないほうがいいですよね。向こうも悪いことはわかったうえで言っているんですから。そこで親もパニックになってエスカレートして、家庭内暴力に発展しちゃうというケースもありますが、それでも親の目が覚めれば、子供も目が覚めて、両方成長するんです」

子供が暴言を吐くときには、大人のリアクションを見ているわけです。「そんなこと言っちゃダメでしょ!」と言ったって、そんなことは子供だって最初からわかっています。それよりは、暴言を吐かれたときの手本を見せるべきではないかと私も思います。すなわち、暴言を吐かれても過剰に反応せず、涼しい顔をして自分を失わない大人の姿を見せることのほうが教育的な効果が大きいということです。

そんなことを言うと、「ひっぱたいてでも徹底的にしつけなきゃだめだ」と言うひともいそうではありますが……。

「うーん、それは結局同じ土俵に乗っちゃうってことでしょう」と葛西先生。

ひとは正しいことをやり抜く強さをもったひとに威厳を感じるものです。間違えたら素直に謝る、感謝の気持ちをもつ、思いやりを発揮するなどができるひとです。「子供になめられてはいけない」と、つい怒鳴ってしまったりするのは、大人自身に自信がないからにほかなりません。子供を恐れているからです。それでは、子供も不幸です。

東大寺学園の榊野先生も**「同じレベルに立つと喧嘩にしかならないじゃないですか、『言葉遣いくらいは気をつけよう』とか優しい感じで充分だと思いますので、余裕をもって接してもらえればと思うんですけどね」**と笑います。

親の側にこそ「大人の器」が求められているのです。

「いわゆる中3とか高1の反抗期を迎える子が出てくると、自分の手元から離れていく、すごくさみしいってよく言わはるんで、それは親としても乗り越えなきゃあかんところで、そのさみしさを乗り越えてまた違う愛情みたいなものが出てくるっていう言い方を何度かしたことはあります」

子供の成長に合わせて、親も愛し方を変えなければならないということです。

反抗期が来ないと何が困るのか？

しかし実際には、反抗しない子が増えていると先生たちは口をそろえます。

「最近の子供たちは優しいんですよね。反抗しないですからね。『反抗期がないんですよ』と自慢げに語る保護者のなんと多いことか。反抗期がないことが自慢になるのかと……」

と嘆くのは灘の大森先生です。

反抗期がない場合、何が困るのでしょうか。

「反抗期がないということは壁にぶつかったことがないということでしょう。でもいつか絶対に壁にぶつかるじゃないですか。そのときにうまく対処できなくなるという心配がありますね」

武蔵の高野橋先生は**「自分で決められないのにすぐにひとのせいにするひとになってしまう可能性があります」**と指摘します。

ひとのせいにするということは、自分で自分の人生を選択できていないと宣言することです。それはすなわち自由な人生ではないということです。

開成の齊藤先生は**「子供のうちに心のなかのモヤモヤを吐き出しておかないと、大人になってからそれが出ちゃったりしますよね」**と言います。

まさかと思うかもしれませんが、大人になってから心の不調を訴えるひとには、「自分には反抗期がなかった」というひとも多いのです。

反抗期がないことを子育ての成功であるかのように勘違いしている親が多いのには、どういう背景があると考えられるのでしょうか。灘の大森先生の意見はこうです。

「父親と母親がいっしょになってしまっている可能性が高いんです。要するに、子供に対

する接し方とあり方が。クラブ活動の試合に、父親と母親がそろって応援に来るとかいっぱいあって。それはそれでいいんやろうけど。昔は父親が壁で、父親と息子の間に母親が入ってという分業が成り立っていましたが、いまではもう父親も母親も一生懸命になってしまってまるで家族ぐるみでやってしまうという」

昔は社会全体として性的分業が明確でしたから、父親と母親とでは子供に対する距離感が自然と違った。だから視点も違った。でもいまはふたりとも同じ視点から見てしまう。両親の価値観に矛盾がないから、それが家庭における絶対的な価値観になってしまう。

「子供から『何を考えているのかわからへん』と思われるような父親が減りましたよね。それがいいことなのかどうか……。いままで言っていたこととちゃうやろと言われるかもしれませんが。そのへんがまた難しい。性的分業がなくなったほうがいいとするならば、父親も母親も同じように子供に接すべきかもしれないし」

開成の葛西先生は次のように証言します。

「壁になっている親というのが少なくて、やっぱり友達に近い親子関係が増えています。だから反抗期が少ない。この20年くらいの傾向かなと思います。反抗期にすべきだったことはいったいどこに消えているんだろうというのは気になります。子供も親の言うことをよく聞くので、親がコントロールしやすい面もあります。親もいろいろ学習していますしね、子供を上手に操作する方法を」

これは最近私も気になるところです。本来コーチングのようなテクニックは子供の自己実現をサポートするために利用されるべきですが、悪用すれば、子供を親の思い通りにコントロールすることに利用できなくもない。そうやってわが子をソフトコントロールする親が増えているように私も感じます。

「檻の中での自由」で満足してはダメ

最近、学校のイベントに対する保護者の熱気がすごいという話もよく聞きます。文化祭も運動会も部活の試合も。わが子の晴れ姿を見たいということだとは思いますが、この現象を先生たちはどう見ているのでしょうか。

「自分たちのころは、親に来られるなんて恥ずかしくて、『そんなの来るな!』という雰囲気を醸《かも》し出していたと思うのですが、いまの子たちは気にしません。中2・中3になってお母さんといっしょにおっても別に何も問題がない。それでいうと、最近は保護者から『授業参観してくれ』という要望が増えていて、実際多くの学年でやりはじめているんですよ」と嘆くのは東大寺学園の榊野先生。

「授業を見たからって別にどうってこともないと思うんですけど……」と同じく東大寺学園の沖浦徹二《おきうらてつじ》先生も首をかしげます。

小学生じゃあるまいし、親に見られて中高生が張り切るなんてことがあるわけがありません。普段の子供の様子をこの目で見ておきたいという親のエゴを満たすためとしか考えられません。そのエゴがそこで満足すればまだよいですが、さらに欲求が高まっていくとしたら、ちょっと怖い。

「なかには親に来てほしくないという生徒もいますけど、数はすごく少ない。去年高3の学年主任だったので、二次試験の応援に行ったんですよ。そしたら、京大の受験にお母さんといっしょに来ている生徒がいて。それはさすがにびっくりしました。東大なら宿泊を伴うのでまだわかる気はするのですが、すぐそこの京大ですよ。『受験までかよ』とか思う。最近は入社式も親が来るって話も聞くし、そういう時代なのかなとも思うけど、久しぶりに高3を担任して衝撃的でしたね。『何が悪いんでしょう?』と言われれば、『お宅のことですからご自由に』という話になりますけれど……」と沖浦先生。

この点においては先生たちも戸惑うばかりというわけです。しかし榊野先生は現在のこの状況に強い危惧を示します。

「そういう子の傾向として、学校では友達が少ない。でもそれに対して本人らは残念だとか、友達つくらなあかんとかいう思いももってないいんじゃないかな。親がいるっていうとこに甘えているっていうのがあって、ほかの子との接点がなくなっていっても平気だっていう。でも実際社会に出るとそういうわけにもいかないわけで。いろんな人と関わりながら仕事をしたりしてかなきゃあかんと、それができないんじゃないのかなと」

親に依存的になってしまっているのではないかというのです。

「親さえいれば、別にほかのひとがいなくてもやっていけるっていう意識がどっかにあるんじゃないのかな。一人でいてもそれが昔だったら不安だとか自分から声かけたりとかする子もいたんでしょうけど、そうじゃなくてそれがもう日常であって、おかしなことでないと思ってて、自分からどうこうしようともちろんしないですし、そういう感じが増えた気がしますけども……」

親子関係さえ良好ならば、親の管理下で好き放題できる。友達なんていなくても構わない。でもそれは、親の管理下での自由であって、本当の意味での自由ではありません。思ったことを実現しようとしたり、世界を開いていったりする自由とは対極にある自由といっていいでしょう。

いわば「与えられた自由」あるいは「見えない檻の中での自由」です。たとえは適切じゃないかもしれませんが、家の中から一歩も出ない家猫みたいな状況だということです。いわば、ストレスフリーなペットです。ペットは一生その家の中で守られて生きていきますが、子供たちはそうはいきません。

「私はいま中3の担任をしてますけど、学年のなかで『自由』について考えさせるのを一つテーマにしていて。もちろん縛ったりするわけでもなく、常に考えなさいっていうことをテーマにして、『自由って何だろう?』『最終的な自由って何?』ってね。答えはもちろん一人一人違うだろうけども、まさに『檻の中での自由』であってはダメなんだよっていうことだけは伝えたいと思っています。まず前提として、大人がそれを理解していないと話にならないですよね。まわりの大人がそれを理解していないために、自由を履き違えたり、自分にとって心地いいことが自由だと思ってる子たちも結構いるんじゃないかなって思ってます」

自由の意味を理解していない市民が多い社会では、市民が、お互いの権利を認め合うのではなく、お互いに権利を主張し合うようになります。折り合いを付けるため、どんどん法律が増えます。逆に、法律で禁止されていないことならどんなことをするのも「自由」だろうという考えが広まります。どんどん悪循環になっていきます。至るところで諍《いさか》いが起こります。民主主義が機能しなくなり、いつしか社会は、強力な権力者の出現を求めるようになります。それが自分たちの自由の息の根を止めることも知らずに。

いまの世の中は、まさにそういう流れのなかにあるような気がします。その流れを止めるには、いまの子供たちが、問いを問いとして抱え続ける強さを身につけてくれることを願うしかありません。

思い込みを手放していくことが「自由」

栄光学園の井本先生は幾何の教師です。幾何の証明問題では、正しいと思っていたことが間違っていた場合に、自分の論理的思考のどこかに思い込みが紛れ込んでいることを疑い、自分のなかの思い込みに気づけるようになることが大事だと言います。

「これができると、試行錯誤ができるひとになりますし、他人と意見が食い違ったときにも、前提の違いにまで遡《さかのぼ》って相互理解の糸口を探し出せるひとになります。僕はそれを幾何という観点から提案しますが、そのほかの教科だってそれができるはずです」

論理的には正しくても、結果的な正しさは実はもろい。前提が変われば、世界が変わる。「試行錯誤」とは、常に自分が「前提」とすることとすなわち「思い込み」を疑い、そこから解放されることだと井本先生は言うのです。

「結局『幸せ』というのもそうなのかなと思って。お金持ちになるとか、有名になると

か、そんなところに価値はなくて、いままで見えていたまったく同じものが、ある瞬間にすごく輝いて見えるようになるって体験が『幸せ』なんじゃないかな。その瞬間が『奇跡』だし、ひとはまたひとつ『自由』になれるってことですよね」

逆にいえば、**奇跡ではない世界つまり〝現実〟をつくっているのは私たちが無意識にもっている無数の思い込み。現実こそ思い込み。**その思い込みがものごとを複雑にしてしまい、ひとびとの身動きを封じているのではないかと言うのです。

たとえば、世の中に無数にある思い込みのなかでも、特にこれからの男の子たちが意識的に手放していかなければならないのが、「男らしさ」の呪縛ではないでしょうか。

高度成長期およびバブル期くらいまでは、世界を舞台に24時間働き続けられるような男性が良しとされました。一家の大黒柱として家族を養うのが「男の甲斐性《かいしょう》」だとされていました。しかし働けば働くだけいい思いができる社会はすでに終わり、「イクメン」に代表されるように男性も家事や育児をしなければならないし、女性の自己実現のサポートもできなければいけない時代になりました。

一方で、「男は弱肉強食の世界で稼いでナンボ」「男は弱音を吐いてはいけない」などという「マッチョイズム」が、男性の心のなかだけでなく女性の心のなかにもまだ根強い。

本書の読者である21世紀の男の子の親御さんたちのなかにも、「そうはいっても男の子なんだから、しっかり稼げる職に就かないと、将来お嫁さんがもらえないよ」とか「妻のほうが収入が多いなんてカッコ悪い」などという思い込みに縛られているひとは多いはずです。

しかし第1章で述べたとおり、その思い込みの外に飛び出して、自由になることが、これからの男の子たちには必要です。

世代間にまたがる強い葛藤を伴う変革ですが、**論理的に考え、手を動かし、間違え、根拠を疑い、試行錯誤して、思い込みを一つずつ捨て去る訓練を積むことで、ひとは再び少しずつ自由になれる**と井本先生は言います。

「その意味では、僕は自分自身が自由になるために教育に関わっているのだと思うし、子供たちにも自由になってほしい。子供はもともと自由なんですが、成長に伴って社会化していくなかで、たくさんの思い込みを身につけ、不自由になっていきます。それは仕方ありません。だからこそ、自由になる方法を身につけてほしい。自分で奇跡を起こせるひとになってほしい」

待つことが最善策であることは圧倒的に多い

世の中に無数にある幸せになる方法や社会に貢献する方法のなかから自分に合った方法を選択する「自由」にわが子が耐えられるようになるために親ができることは何か。

先生たちは「待つこと」と口をそろえました。

広島の修道《しゅうどう》中学校・修道高等学校の校長・田原俊典《たはらとしのり》先生は「『勉強せい！』と言われて本当に自分から勉強ができるようになった子供は一人もおらん。それは断言できる」と言います。

麻布の平先生は「生活習慣の乱れに関しては早めに親が介入してあげないといけないかもしれませんが、でもあとは、『馬を水場に連れていくことはできても、水を飲ませることはできない』のことわざと同じです」と言います。

でもなかなかスイッチが入らないと親は気を揉《も》む。

「ひとによってそのタイミングに遅い早いがあるだけです。女の子だと、どちらかというと、コツコツまじめにやるので、成績が時間とともに連続的に伸びていく感じですけど、男の子の場合はスイッチが入ったときに一気に成長していくところがあるからそれをじっと待つ」

しかしそれがなかなか親には難しい。なぜでしょう。

灘の大森先生は「それはやっぱり目先の結果がほしいからじゃないですか？ 長いスパンでものを考えられない。でもこれ、時代のせいですよ。成果主義的な」と言います。

親が待った結果、高校にいる間に開眼してくれればいいのですが、待っている間に卒業しちゃったなんてこともあり得ます。親としてはそれが怖いのでしょう。

「卒業してから『この子はこないなったんか！』ってことは多いですよ。『やっぱりやつらバカじゃなかったんだ！』って思うことがどれだけあるか（笑）」

逆に急ぎすぎてダメにするケースのほうが多いと大森先生は言います。

「ちょっと成績が落ちたり、ちょっと学校に来なくなったり、ちょっとはみ出したりしても、親が余裕をもってる子たちは割とスムーズに戻ってくるけど、親がやいのやいの言うと、結局子供はより深みにはまってしまうことがあります。小学生のころ、親が息子を思い通りにコントロールして、灘に合格させたまでは良かったけれど、灘でもトップ10に入るだろうと思っていたら現実はそうではなくて。そのプレッシャーに子供が反抗を始めて、それでも親が自分の価値観の枠に子供をはめようとして、ますます子供は反抗の力を強めるしかなくて、家からも出なくなる。最後は学校だけでも行ってほしいと親が願っても、その望みも断ち切る形で学校をやめてしまうというケースもあります」

不登校を続けたり、せっかく合格できた有名進学校を中退してしまったりした子供の心境をあとから聞いてみると、それが自分をコントロールしようとする親への渾身の抵抗であったということはよくあります。

そのような場合、学校の先生としては親にどうアドバイスするのでしょうか。

「『ほったらかしにしい。ほったらかしにしても崩れへん』とアドバイスすることもあります。ほったらかしにしたら、子供なんてねじ曲がらへん。だって誰だって生きやすいように生きたいもん。ある時期から子供に任したら、『うちの子こんなになるんやなあ』ということだってい っぱいあるのにね」

すぐに結果を求めるより、長いスパンで見守ったほうが、最終的にはいいところに収まるケースが多いと大森先生は断言します。

「こう言ってしまうと身も蓋《ふた》もないのですが、子供のためにしなければならないからする努力ってたいがい無駄なんです」

結局のところ、親は実は無力である

教育熱心すぎる親が、「あなたのため」と言いながら、子供を極限まで追いつめてしまう「教育虐待」をテーマにした拙著『追いつめる親』（『ルポ教育虐待』として2019年7月に改訂版が発行されている）を執筆したとき、家から逃げ出した子供を保護するシェルターの運営者を取材しました。衝撃的な実話をたくさん聞き、言葉を失いました。

親は、毎朝子供が起きてきて、文句を言いながらも学校に行き、自慢できるほどではない成績をもらって帰ってくることを当たり前だと思ってしまいがちです。しかしそこに深い闇につながる落とし穴が潜《ひそ》んでいます。当たり前の上にあぐらをかき、知らぬ間に子供の人権を侵害してしまっていることがあるのです。

一度死のうと思った子供の親は、「ただ、生きていてくれればいい」と、それだけを願うようになるのだそうです。「いい成績なんてとらなくていい。学校なんて行かなくてもいい。わが子が生きていてくれるだけでありがたい」とようやく思えるようになるそうです。

逆にいえば、その気持ちを忘れていたからこそ、子供はわが身を犠牲にしてまで、それを伝えなければならなかったということです。

心をボロボロにされてしまった子供に接する大人に必要なのは、心理学の知識でも、法律の知識でもないと、その運営者は言いました。「私たちにできることは、結局子供といっしょにオロオロしてあげることだけなんです。でもそれがいちばん大切なのです」と言うのです。

「あなたのために」とあれこれ考えるのは親の性《さが》です。しかしだからといって自分の期待通りの人生を子供に望むことは、親のエゴにほかなりません。親自身が「早く安心したい」「良い親だと思われたい」と自分の価値観に基づいて思っているだけです。

親とは違う自分の価値観を子供がもち、自分の力でそれを切り拓いてこそ、生きている実感を味わうことができるようになります。そのために親ができることは、究極的には、

子供を励まし、見守ることだけです。

それはときとして非常に苦しい。つい手を出してやりたくなってしまう。でも、求められてもいないのに手を出してしまうことは、子供に「あなたは私がいないと何もできない」と伝えていることにほかなりません。それが子供の「生きる力」を削ぐことは、容易に想像ができます。

子供が育つうえで、もちろん親の影響は絶大です。しかし、あえて言います。

「結局のところ、親は実は無力である」

そう思って、「だからあなたは自分で生きていくしかない。でもあなたにはそれが必ずできるはず」と無言のメッセージを伝えながら子供を見守ることが、子供への最大の励ましなのではないかと、私は思います。

その切ない心情を見事に表わした名言があります。

「手を放して抱きしめる」

芝《しば》中学校・高等学校の校長・武藤道郎《むとうみちろう》先生のことばです。

だまされたと思って、リビングのソファでスマホでもいじって寝そべっている息子さんを、実際に手を放して抱きしめようとしてみてください。

生まれてからこれまでの成長が一気に脳裏に甦《よみがえ》り、いま彼が抱える葛藤や不安や怒り、そんなものまですべてを含めて、心理的に抱きしめている気持ちになれるはずです。すると、親としての自分のなかにあった不安や不満がすーっと消えていくのを感じられるはずです。それがわが子のありのままを受け入れるということです。

子供を見守る苦しさに耐えられなくなりそうなとき、このことばを、ときどき思い出してみてください。**親の「不安に耐える力」が、子供の「自由に耐える力」につながるのです。**

ビジネスの世界と学校の力学は微妙に違う

本人が勉強しないだけなら黙って見守っていることもできるかもしれませんが、お友達関係の不安などが重なると、親の不安は極限に達します。

これについては武蔵の加藤先生が次のような話をしてくれました。

「新入生招集日では保護者に向けてこんな話をしました。『学校は学問をする場所であると同時に社会生活の場でもあります。実社会と同様にいろんなことが起こります。生徒同士のいやがらせや大きな失敗も当然起こります。すべてを未然に防ぐのではなく、子供たちがそれをどう乗り越えていくのかを見守る姿勢が大切です。私たちもつい口を出したくなることは多々ありますが、私たちもじっと我慢をしているのです』と」

学校は社会生活の場であり、社会生活の場としてものごとがうまく運ばなくなるようなら先生たちが介入するから、それまでは親御さんたちにもなんとか我慢してほしいということです。

「そういうときこそ、教員も保護者もいっしょになって、『チーム学校』として子供たちが社会生活を自分たちで築き上げるサポートができるとよいと思います。学校が社会生活の場である限り、子供たちは必ず自分の居場所を見つけることができるはずなんです」

同じく武蔵の高野橋先生が補足します。

「問題行動を起こす子供もいます。でもその問題行動にも子供なりの理由があるんです。それは『間違い』であってその子の『本質』ではありません。いじめの問題も起こります。でもそれも、本質的にいじめる側といじめられる側があるのではなくて、巡り合わせです。そういう地に足の着いた思考というか、ゆとりが必要ですね。今回はたまたまいじめられる側になっただけで、状況が違えばいじめる側になっている可能性だってあるんです。ですから被害者だからといって過度に加害者を責めるのもどうかと思います。立場が逆になることだってあるのですから。何か問題が起こると、そのまま最悪の状態に進んでいってしまうと考えてしまうのでしょう」

加藤先生は毎年実施している「対馬研修」での経験を話してくれました。

「毎年生徒たちを連れて対馬に行っていますが、対馬の寄り合いみたいなものに参加させてもらったことがあるんですね。何かについてみんなで話し合うんですが、話はいろんな方面に脱線します。結局最終的には村の長老みたいなひとが『じゃ、こんな感じで』というふうに話を丸く収めてしまう。あの『なんとなく収まっていく感じ』って大事なんじゃないかと思いました。いろいろな問題があれば、すべてを満足させる形なんてないんです。それでも物事はなんとなく収まるべきところに収まっていくはずなんですよね」

ビジネスの世界では筋を通していくことが大事です。しかし人間の営みはそんなに単純に割り切れるものではありません。人生はままならないものであるからこそ、いい加減が必要です。学校はそのことこそを学ぶ場所であり、ビジネスの作法を学ぶ場所ではないと、私は思います。いや、社会に出てからのことを想定してある程度準備しておくことももちろん大切ですが、ものごとには優先順位があるという意味です。

それなのに、そこを区別せずビジネスの世界での常識を学校に持ち込むから、子供たちの健全な成長が阻害されるという面もあるのではないでしょうか。

第5章

いつの時代も必要な
3つの力+α

Point

先行き不透明な社会に子供たちを送り出す大人たちの役割は、未来に子供を怯《おび》えさせることではなく、「これさえやっておけばなんとかなる」と言って安心させてあげることです。どんな時代になっても生きていける底力を身につけるために大切なことは何か？

「正解のある時代」なんてない

「2020年度には大学入試改革も予定されており、教育が大きく変わろうとしています。これからの子供たちに必要な力は何でしょうか？」なんてことをよく聞かれます。しかしそもそもこの問いの立て方自体がツッコミどころ満載です。

まず、大学入試改革をきっかけに高校以下の教育を変えようという思惑が文部科学省にあることは否定しませんが、大学入試改革が実施されるから教育が変わるわけではありません。世の中が変化しているから、教育も変えなければいけない。だから大学入試も変えなければいけないという話がもともとであって、大学入試が変わるから教育が変わるという認識はあべこべです。

また、少なくとも2020年度においては、「センター試験」が「共通テスト」に変わったり、英語の民間試験が一部の大学入試で活用されたり、一部の大学の一部の学部で入試の方法が変わる程度で、それによって高校以下の教育ががらりと変わるような大きな変革がなされるわけではありません。

そしてそもそも、**教育とは、どんな時代になっても生きていける力を子供たちに携《たずさ》えさせる営みであり、大学入試が変わろうが世の中のしくみが変わろうが、教育の本質は変わりません。**

それなのに「大学入試改革への対応はバッチリです！」と喧伝《けんでん》するような学校や教育者は、まゆつばです。「私たちはこれまで大学入試のために教育をしてきました！」と宣言してしまっているようなものですから。

「劇的に世の中が変わっている」と、世のひとびとは大騒ぎします。たしかにＩＴなどの技術は飛躍的に発展しました。そこだけに注目すれば、変化は大きい。でも冷静に見てみれば、平成の約30年間で私たちの社会の何が変わったというのでしょうか。

旧態依然とした体質を変えられない大企業が経済界を牛耳《ぎゅうじ》り、つぶれかけて血税を大量に投入されてなんとか蘇生したメガバンクがいまだに中小企業経営者を相手に大きな態度をし、国会議員に占める女性の割合も東大における女子学生率もいまだに足踏みを続ける状態です。

ましてや人間の本質の何が変わったというのでしょうか。足腰が弱って自力では歩けない生物になってしまったわけでもありません。テレパシーでコミュニケーションがとれるようになったり、未来が予知できたりする超能力を身につけたわけでもありません。おそらく、万葉集の時代のひとたちといまここで対面しても、普通に会話が成り立つはずです。だから私たちはいまだに古典から多くを学ぶことができます。それくらいに人間の本質は変わらない。

人間は「自分は特別」と思いたい生き物のようです。常に自分の生きた時代が特別で、自分は特別な人生を歩んでいるのだと思いたいようです。実際そうだと思います。特別じゃない人間なんていません。みんながかけがえのない時代にかけがえのない人生をおくっているのです。ただし、いまを生きる私たちだけが、特別なわけではありません。そのことを忘れてはなりません。

では、それでも私たちがいま感じている変化あるいは閉塞感の正体は何でしょうか。

経済活動の量に着目すれば、戦後からバブル期にかけての日本は常に右肩上がりでした。先進国と発展途上国の経済格差という形で資本主義社会に伸びしろが豊富にあったので、既存の価値観のなかで、それを拡大化していくことだけを考えれば良かった時代です。

社会全体に強い追い風が吹いていましたから、何をやってもうまくいった時代でした。みんなと同じようにしていれば、会社に就職できて、少々の理不尽に耐えていれば、家電が買えて、マイカーが買えて、マイホームが買えて、子供たちを大学まで通わせてやることができた時代です。それがあたかも「正解」のように見えていました。

しかし1990年代はじめにバブルが崩壊。1997年前後には北海道拓殖銀行や山一《やまいち》証券の経営破綻が生じたのが象徴するように、そこから景気は停滞、もしくは右肩下がりの局面へと移行します。2004年をピークに人口も減少しはじめていますから、国内の経済活動の量に着目する限り、右肩上がりになる要素はほとんどありません。まるで逆風のなかの行進です。ですからやることなすことといい結果が出にくい。「正解」が得られにくい。

しかもかつての発展途上国の進歩はめまぐるしく、資本主義社会が拡大する余地は残りわずか。既存の価値観を拡大するだけの戦略には限界が見えつつあります。それが「ゼロ金利」あるいは「マイナス金利」という形ですでに表われています。そこで新しい価値を創造し続けなければいけないのが、これからの資本主義社会共通の課題だということもできます。

その状況を「正解のない世の中」「先行き不透明な世の中」と私たちは呼んでいるのだと思います。昔に比べれば厳しい状況であることはたしかではありますが、世の中の力学ががらりと変わってしまったわけではなくて、追い風か向かい風かの違いでしかないのだろうということ。前進する方法自体は変わりません。だから、子供たちに伝えるべきことの根本は、いまも昔も変わらないのだろうと思います。

修道の田原先生が「ビッグロック」というたとえ話を教えてくれました。瓶に、まず大きな岩をできるだけ入れ、次に砂利《じゃり》を目一杯流し込み、さらに砂を目一杯流し込み、さらに水を目一杯まで満たします。

次に一度それらをすべて出し、逆の手順で瓶に入れようとすると、大きな岩ははみ出てしまうのです。そこから「物事の優先順位を間違えてはならない」という教訓が得られます。

おそらくその優先順位は、時代が変わっても変わらないのです。３００年近くの歴史を誇る広島の名門校・修道の校長先生らしい話です。

先行き不透明な社会に子供たちを送り出さなければならない大人たちの役割は、未来に

子供を怯えさせることではなく、「これさえやっておけば、あとはなんとかなるから」と言って安心させてあげることではないでしょうか。

何が「岩」なのかさえ教えればいい。「砂利」や「砂」や「水」は、あとから子供たち自身が状況に応じて自分で入れることができるはずです。

これからの時代に必要な3つの力のバランス

以上を踏まえていうならば、これからの時代を生きていくために必要な力は、「そこそこの知力と体力」「やり抜く力」「自分にはない能力をもつひととチームになる能力」の3つにまとめられるのではないかと私は考えています。

この問いについてはいろいろなひとがいろいろなことばで考えを表明しますが、主旨としてはだいたい似たようなことを言っているのではないかと思います。

いや、これまでの時代もずっとこの3つの力は重要でした。いわばいつの時代も必要な普遍の力です。ただし、かつては「知力と体力」に置かれていた比重が、現在ではより「やり抜く力」や「自分にはない能力をもつひととチームになる能力」に移動していることが、現在の「学力観」の変化の本質だと私は思います。

「そこそこの知力と体力」とは、ほんとうに「そこそこ」でいいレベルです。「体力」とは文字通り体力ですが、「知力」とは「偏差値いくつ以上」とかいう問題ではなくて、「教養」に近い意味です。日常生活を送るうえで、本人が困らない程度に知力と体力があればいい。学校に通えているのなら、少なくとも大丈夫。**同世代のお友達と楽しい会話が成立して、いっしょに遊べるだけの体力があれば十分というイメージです。**

「やり抜く力」は、アメリカの心理学者アンジェラ・ダックワース博士が、究極の非認知能力として提唱する「GRIT」の訳語です。彼女の著書『やり抜く力　GRIT』は世界的なベストセラーとなっています。「根性」「折れない心」「粘り強さ」「情熱」などのニュアンスを含みます。

学校のペーパーテストなどで比較的簡単に数値化できる能力を、一般に認知能力と呼びます。ＩＱテストで測れる知能の高さも認知能力です。

しかし、俗にいう「根性がある」とか「社会性がある」とか「意欲的である」とか「まじめである」とかいうあいまいな性質は、数値化しにくい。そういうものを俗に非認知能力と呼びます。

教育に関する話のなかでよく使われる「生きる力」というのは、認知能力だけでなく非認知能力を含めた力を示すニュアンスがあります。実際、非認知能力が高いと、いわゆる学力や偏差値のような認知能力はあとからついてくることがわかっています。

ダックワース博士は非認知能力のなかでも「GRIT」の重要性に着目しました。**人生に「成功」をもたらすのは、ＩＱの高さよりもGRITの強さであることを明らかにしたのです。**

単に頭がいいだけのひとよりも、粘り強さと情熱をもって物事に取り組めるひとのほうが、人生において良い結果を得られやすいということは、経験上、誰もがうなずくところでしょう。

やり抜く力は、日本では習い事や部活のなかで鍛えられる部分も多い。夢中になって頑張り、達成感を味わい、それでも挫折を経験し、それを克服する経験をすることで、強くなっていく可能性があります。人生経験を積めば積むほど強くなる。

中学受験や高校受験などの受験勉強を自分の力でやり切ったのであれば、「そこそこの知力と体力」「やり抜く力」は十分に育っていると考えてもいいと思います。

日本の受験勉強には、やり方を間違えると子供の自己肯定感を下げてしまったり、親子の信頼関係を損ねてしまったりというネガティブな側面もありますが、うまくすれば「知力と体力」そして「やり抜く力」を鍛える絶好の機会にもなります。

年相応の心身の発達を阻害しないように、しっかり食べて寝ることを確保するのは当然です。そのうえで、親としてどこまで子供に負荷をかけていいのか、損益分岐点が難しいという相談をよく受けます。具体的な判断基準を言うのは難しいのですが、概念的に言うならば、親が関わることでGRITをはじめとする非認知能力を伸ばせているかどうかがポイントではないかと私は思っています。目先の偏差値の5や10のために、子供のGRITやその他の非認知能力を萎縮させてしまうような親のかかわりは控えたほうがいい。私はそう思います。

ぼーっとする時間を奪ってはいけない

一方で、ダックワース博士は著書のなかで、やり抜く力の鉄人たちでも当然ながらあきらめることはあると指摘しています。ただし「いちばん重要なことは、『やり抜く力』の鉄人たちは『コンパス』を替えないことだ。彼らにはたったひとつの究極の目標があり、ほぼすべての行動がその目標達成に向けられている。だから究極の目標に関しては、そんな投げやりな言葉は口にしない」とも述べます。

「自分軸」あっての「やり抜く力」ということです。

ここに私は危機感を覚えています。子供たちが自分のなかに確固たる「自分軸」を構築する時間が、少なくなっているのです。

高度成長期の「教育ママ」は子供を有名大学に入れることだけを考えていればよかった。「もやしっ子」と呼ばれようが、テストでいい点数をとれる子を育て、「高学歴」というパッケージ商品を得られれば、それだけで満足できました。世の中に強い追い風が吹いていたから、「生きる力」の弱い子でも、生きていくことができたからです。

しかしいま、「学歴はもう役に立たない」と言われます。学歴が要《い》らなくなったわけではありません。高学歴があることは大前提で、オプションとして、英語もできなければいけないし、プログラミングもできなければいけない、プレゼンテーションにも長《た》けていなければいけない……と考える親は多い。

「勉強ができるのは当たり前。でも勉強ができるだけじゃダメ」という発想です。単純に、昔よりも子供の負荷は増えています。まるでスーパーマンを育てなければいけないかのような強迫観念に、多くの親がとりつかれているようです。それで、週に7つも8つも習い事をさせる。そのうえで、子供たちは学習塾にも通う。子供たちの人生に、ぼーっとする時間がない。

ひまなときにこそ、子供は自分の時間をどう使おうか考えます。自発性や主体性が芽生えます。自分が、何を好きで、何をしているときが幸せで、何を欲しているのかを感じ、自分自身を知る時間でもあります。それが「人生の羅針盤（コンパス）」になるのです。

常に予定を埋められてぼーっとする時間を奪われると、「人生の羅針盤」を使いこなせないひとになってしまいます。主体性なく、なんとなく世間的に良いといわれる方向性を向いて生きるしかなくなります。そんな状態で、いくら高学歴を得ても、英語やプログラミングができても、何の意味があるというのでしょうか。

所得や学歴より「自己決定」の度合いが高いひとほど「幸福度」も高いという調査結果もあります。だとすれば総じて、自分自身の「人生の羅針盤」を持たず常に「世間のモノサシ」にあてはめて人生を生きるひとの「幸福度」は低くなります。

そして、いざというときに、踏ん張れない。「自分軸」があいまいなので、「やり抜く力」も発揮できないわけです。

そうならないためには、幼少期にできるだけぼーっとする時間を奪わないことです。思春期も同様です。幼少期と思春期は、いずれも子供が心身両面で劇的に変化する時期であり、飛躍的成長のチャンスなのです。

日本型「飲みュニケーション」の限界

「自分にはない能力をもつひととチームになる能力」とは、単に「協調性がある」とか「共感力が高い」とかいう話ではありません。当然それらも必要なのですが、それだけではダメなのです。

これからのダイバーシティ社会では、さまざまなバックグラウンドをもつひとと協働する機会が増えることが予測されます。生まれ育った文化的背景も宗教も価値観も違う。前提を共有していないひとたちとのコミュニケーションができなければいけません。常に異文化が混ざり合っていた諸大陸では当然の能力だったのかもしれませんが、島国日本の弱点がここにあります。日本型の「飲みュニケーション」の限界です。

意見が対立しているとき、大概の場合、どちらの意見も論理的には正しいことが多い。どちらも論理的に破綻なく思考しているのに異なった意見にたどり着くということは、それぞれが論理の礎《いしずえ》にしている前提が異なっている可能性が高い。

対立を乗り越えるためには、相手の論理的な破綻を指摘することよりも、お互いの論理を丁寧に遡《さかのぼ》り、前提のズレに気づくことが大切です。違いの理由がわかれば、前提をそろえ直して、そのうえに共通の論理を組み立てて、双方納得のいく答えにたどり着くことができるようになります。

それが前提を共有していない相手との論理的コミュニケーションです。

これができれば、自分とはまったく異なる文化的背景や価値観のなかで、自分にはない能力を獲得したひとたちとつながることができるようになります。

ただし、「自分にはない能力をもつひととチームになる能力」にはもう一つ、まったく別の側面があります。

それは、自分自身にもスペシャリティーがなければいけないということです。当然です。誰でも代替可能な存在では、チームに呼んでもらえないわけです。

つまり、**これからは、ジェネラリストよりもスペシャリスト。自分の好きなことなのか、得意なことなのかを、徹底的に突き詰めたひとが有利になる。**

そう言うと、早くから専門教育をやったほうがいいと勘違いするひとが出てきそうですから念のために、補足します。

専門性を高めるためには、土台として幅広い教養が必要になります。教養がないと、専門性を高めようとしてもすぐに限界がきてしまいます。ですから、少なくとも高校生くらいまでは理系・文系関係なく、幅広い教養を身につけることを大切にしたほうがいい。専門性は大学に行ってからいくらでも磨き上げることができますから。

不祥事を起こす「エリート」に足りなかった経験

「そこそこの知力と体力」「やり抜く力」「自分にはない能力をもつひととチームになる能力」。この3つの力があれば、どんな時代でも生きていける。ちょっと前までの私はそう考えていました。

でも最近、それだけでも足りないと思うようになりました。政治家や官僚など国のリーダーとも呼ぶべきひとたちがセクハラや不倫などのスキャンダルを起こしたり、大企業の社員が就職活動中の学生に対して性的な関係を迫ったりと、ひととしてあまりに情けない事件が頻発しているからです。性的な問題を含んでいることはもちろんですが、それ以前に、立場のあるひとがその立場を利用して自分より弱い立場のひとを支配しようとするのは単純に卑怯《ひきょう》です。

世間的には「エリート」と呼ばれるようなひとたちです。きっと知力も体力も十分にあって、仕事のうえではやり抜く力も抜群のはずです。大きな組織のなかで働いているのですから、自分にはない能力をもつひととチームになる能力だって、人並み以上にあったはずです。しかし何かが足りない。

損得勘定だけで物事を判断したり、他人との比較で自分の優位性を確認したりということをやめられない。精神的にはまるで子供のままの状態で大人になり、しかも社会的にはそれなりの立場を得てしまったということです。精神的に未成熟な〝子供〟が威張《いば》っているわけですから、やっかい極まりありません。

結果から見れば、倫理観とか道徳心とかひととしての美学みたいなものが足りないことは明らかなのですが、それを培う機会を何らかの理由で逃してしまったのかもしれないことこそが真の問題点だと思うのです。

そこで一つの仮説を思いつきました。彼らは若くて未熟で世間知らずだったころに、身を焦がすような本気の恋愛をしたことがなかったのではないか。どういうことか。

思春期以降にやってくるコペルニクス的大転換

子供のころは、多くの場合は親から、愛される一方で育ちます。親の愛に守られながら、自分を包む無限の宇宙《せかい》の美しさ、心地よさ、優しさ、厳しさを学んでいきます。ところが、思春期になると、親からの愛をうっとうしく感じるようになります。大人社会の既存の価値観について、片っ端から疑いをもつようになります。それまで愛と宇宙に包まれて、それが当たり前だと思って生きてきたわけですが、「自分はこのままの立場でいていいのだろうか」と考えはじめるのです。

そのころには「そこそこの知力と体力」「やり抜く力」「自分にはない能力をもつひとと

チームになる能力」もだいぶ備わってきているはずです。

親の愛から一時的にあえて距離を置き、無限の宇宙のなかで実は自分が孤独であることに気づけるようになったころに、天の采配《さいはい》が働きます。稲妻《いなずま》に撃たれるように、恋に落ちるのです。

愛される側から愛する側への立場の転換が起こります。天動説から地動説への転換といってもいいほどの精神的大革命です。**自分を包んでいた無限の宇宙がもつすべての美しさ、心地よさ、優しさ、厳しさを、たった一人の対象のなかに見出します。そのたった一人が、自分にとっては無限の宇宙そのものとなり、親から受けた無限の愛以上の愛を、そのたった一人に注ぎたいと願うようになります。あらゆる意味で、宇宙がひっくり返るのです。**

そして気づきます。世界中のひとたちが、自分と同じような気持ちで誰かを愛し、愛されていることに。そうやって宇宙は続いてきたのだと。自分もその一部なのだと。愛することの切なさ、苦しさ、でもそれ以上のすばらしさ。無限の宇宙において、そのどんな小さな一部をすくい上げても、そのなかに無限の価値を見出すことができること。すべてがかけがえのないものであるということ。

そのときに再び、これまで自分に無限の愛を注いでくれた親の価値、自分を包んでいてくれた無限の宇宙の存在に気づきます。無限の愛と宇宙のなかにただ包まれるだけの存在だった自分が、無限の愛と宇宙の一部になっていきます。誰かに愛され包まれながら、自分も愛し包み込む存在へと成長しはじめるのです。

たった一人の誰かを心底愛する経験が、一人の人間の視点を、宇宙の外側、無限の宇宙を俯瞰《ふかん》できる位置にまで引き上げます。これはある意味、奇跡です。

しかし人間としてはまだまだ未熟です。上手な愛し方、包み込み方がわかりません。圧倒的な無力感を味わいます。それを自覚するときに、人間として本当の意味で成長したいと切に思えるようになります。人間として本当の意味で成長するとはどういう意味なのかを本気で考えはじめます。すると、損得勘定や立場的なパワーゲームがどうでもよくなります。

こういう経験があれば、誰かに愛されかつ誰かを愛しているであろう目の前のひとに、社会的な立場や損得勘定の圧力で何かを強要するような卑怯ができるわけがないのです。道徳だの性教育だのよりも、たった一人の誰かを心底愛する経験がものをいうのだと思います。

スパイダーマンの親になれ

「スパイダーマン」の映画を観たことがあるでしょうか。たくさんのバージョンがありますが、共通するプロットはだいたいこうです。

両親を亡くし叔父と叔母に育てられた科学オタクの男子高校生ピーターが、特殊なクモに咬《か》まれたことにより驚異的な身体能力を手に入れます。万能感に満たされ、持て余す力を利己的に使ってしまいます。親以上の愛情を注いで育ててくれた叔父や叔母にも、反抗的な態度を示すようになります。叔父と叔母は、ピーターの葛藤までをも察し、受け止め、一定の距離を保ちつつ見守ります。

ある日、ピーターは強盗の現場を見かけます。特殊能力があれば簡単に捕まえることができるにもかかわらず、「自分の知ったことではない」と、強盗を見逃します。

すると、たまたまそこに通りかかった叔父が、強盗を引き止め、たしなめようとします。しかし撃たれてしまいます。

叔父は身をもって、ひととしてあるべき姿をピーターに見せました。息を引き取る直前ピーターの腕のなかで叔父は、「大きな力をもつ者には、大きな責任が伴う」と、ピーターの目を見て言います。「ノブレス・オブリージュ（高貴なる義務）」です。

ピーターは自分のもつ大きな力をどのように使うべきなのかを考え、葛藤します。自分が身につけてしまった強大な能力に圧倒され、「こんな能力なんてなかったらいい」のにと苦しみます。しかしそんな矢先に、一方的に恋い焦がれる憧れの同級生メリー・ジェーンの身に危機がおよびます。

愛するひとを守るため、ピーターは勇気を奮い立たせて特殊能力を全開します。特殊能力以上の力を発揮して戦います。

死闘の末に、かろうじて愛するひとを守ります。しかしそこで、ピーターは気づくのです。特殊能力をもたないひとたちも、自分と同じ必死な思いで、大切なひとを愛し、守って、宇宙が成り立っていることに。そしてそのいとおしい宇宙を、自分なりの方法で、守りたいと思うようになります。

たった一人の誰かを愛する経験が、頭でっかちで弱虫な男の子を、正真正銘の正義の味

方へと変えたのです。この奇跡は、どんな男の子にも起こることだと私は思います（もちろん女の子にも）。

21世紀の「男の子」は、親世代にとっては「未知の力」を使いこなさなければなりません。親たちはその「未知の力」の使い方を子供に教えてやることはできません。まさにスパイダーマンです。でも、ピーターの叔父や叔母がしたように、ありのままのわが子を認め、無限の愛で安心感を与え、ひととしてあるべき姿を見せさえすれば、子供たちは必要に応じて自ら「未知の力」を身につけ、その正しい使い方を見出すはずです。

いましかできないことをしろ

大学時代のアメリカンフットボール部の創立50周年記念パーティに参加したときのことです。そこで僭越《せんえつ》ながら、壇上からひと言申し上げる機会をもらいました。私は現役選手に向けてこう言いました。

「僕は教育に関わる仕事をしています。その経験から言わせてもらえば、学ぶべきことの優先順位は常に『いましかできないことをしろ』です。社会で活躍している大人たちが、君たちのことを思って、いろいろなアドバイスをしてくれるでしょう。でも、こんなスキルを身につけておいたほうが将来仕事で有利だとか、スタートアップをするつもりならいまのうちから人脈をつくっておいたほうがいいとか、そんなこざかしいことは考えるな。いましかできないことをしてください。君たちにとってそれは何か？　練習と恋愛です。がんばれ！」

現役選手たちはきょとんとしてましたね。それでいいんです。あとから意味がわかればいい。でも私と同世代、あるいはそれよりちょっと上の先輩たちからは拍手が起こりました。学生時代に限界まで心身を鍛え抜き、恋をして、その後それなりの年月の人生を生きてきた彼らなら、実感を伴って私の言葉を理解してくれたはずです。少なくとも拍手をしてくれた彼らは、自分よりも弱い立場の人間に何かを強要するような卑怯は働かないはずだと私は思います。

それ以降、親向けの子育て講演などでも、私はこんな話をするようになりました。

「これからの時代を生きるうえで必要なのは、『そこそこの知力と体力』『やり抜く力』

『自分にはない能力をもつひととチームになる能力』の3つ。でも実はこれ、昔から変わらない。ただしこれからは特に3つめの『自分にはない能力をもつひととチームになる能力』の比重が大きくなるでしょう。でもこの3つだけではまだ足りないと、最近思うようになりました。思春期までにこの3つの能力をある程度鍛えられたのなら、さらに、そうですね、反抗期を終えたころからでしょうかね、素敵な恋愛をしてほしい。**心底誰かを愛する経験をすれば、世界を見る目が変わります。宇宙に対して無責任ではいられなくなります。そうすれば、自分がこれまで得てきた力をどういう方向性に使っていけばいいのかが、自然にわかるようになります。それでこそ精神的に自立した一人前の大人ではないでしょうか**」

講演会の参加者のなかには、「どうやったら中学受験の第一志望に合格できるのか」みたいな話を期待していらしたかたもいるかもしれません。そんなひとからしてみれば、的外れなアドバイスなのかもしれませんが、かまいません。どう考えたって、こっちのほうが大事ですから。

自分は愛されているという安心感があり、自然の美しさと厳しさに畏敬の念を感じており、友達と楽しい時間を過ごすことができて、さまざまな失敗を経験し、しっかり反抗期

を堪能したのちに、素敵な恋愛ができれば、その子はもうどうやったって生きていける。何も心配がない。無数にある幸せになる方法のなかから必ず自分に合った方法を見つけ出す。私はそう確信しています。

子供は決して勝手にねじ曲がらない

2016年3月、ある塾が主催した保護者向け講演会に登壇する機会がありました。本書に協力してくれた灘および東大寺学園、そして神戸女学院《こうべじょがくいん》中学部・高等学部の先生方と、これからの教育についてパネルディスカッション形式で語り合いました。
質疑応答の時間に、会場の一人の女性がマイクを握りました。

私の甥《おい》っ子にメッセージをいただきたいなと思っています。甥っ子は歴史が大好きな小学5年生です。歴史の本は何百冊も読んでいて、質問されてもとても私の知識では答えられません。

ある日の授業中、先生にたくさん質問をしたのだそうです。そうしたら先生が「お前はうるさい！　そこで正座していろ」と甥っ子を叱ったそうなんです。甥っ子はすごくショックを受けてしまいました。

「中学受験をするための準備が僕にはまだできていないようだから、中学受験はやめる。でも勉強は僕にとって有意義なものだと思うから、続けるよ」と言いました。なんて素敵な少年に育ちつつあるんだろうと感動しました。

本当は、灘や東大寺学園さんのような学校に入れればいいなと思うのですが、ちょっとそこまで頭がついていっていないようです。

でも甥っ子だけでなく、そういうお子さんは多いと思うんです。ぜひそういう子供たちに向けてひと言メッセージをいただけたら、とってもうれしいです。


それに答えてくれたのが、灘の大森先生でした。

お子さんへのメッセージというか、いま質問してくれたおばさまへのメッセージになってしまうのですが……。

「この子、すごいな！」「この子、どんなふうになるだろうな」と見てくれる大人がまわりにいることが、子供を育てるんです。

学校に合わないとか、ある意味、理解のない教師もいると思いますけれども、「先生が必ずしも正しいわけじゃないから、あなたのやりたいことをやっていいんだよ」というメッセージを常に与えてほしいと思います。

認めてくれる大人がいることが、どれだけ子供にとって心強いかと思いますので、励まし続けてあげてほしいと思います。

もちろん少年の関心は変わります。変わったときに、「あなた、あんなことしてたのに、どうしたの？」でなくて、子供の変化をまた認めてあげてほしい。それをまわりの大人がありのままに認めてあげることができれば、子供は決してねじ曲がらない。私はそう思っています。

その場で私はいたく感動し、言葉に詰まるほどでした。

イベントの2年後に、大森先生とそのときの話を振り返る機会がありました。本書の締めくくりとして、そのやりとりを記しておきます。

＊＊＊

おおた　あのときのあの先生の応答は、いまでもときどき思い出します。

大森　あれね。なかなかね、私らしい。子供にとって見られてる意識、守られてる意識というのはすごく大事ですよね。親がダメだったら、代役は果たせないかもしれないけど、教師であってもいいわけです。僕も、何人かは、「わかってくれるのは先生だけや」という体験はあるので。わかってくれるのは先生だけやというのがあると、口に出さなくてもその子なりにちゃんとやろうとか、頑張ろうとかね、あるんですよ。味方が誰かいるってことは絶対励みになる。これは間違いない。

おおた　「子供は決してねじ曲がらない」はかっこよかったですよ。

大森　「ねじ曲がらない」発言（笑）。あのおばさんが偉いですよね。中学入試には学力足らんけど、って先生がけしからんわけで、あのケースはね。「すごいな」って

おおた　言ってくれるおばちゃんがいるから、その子は絶対大丈夫。「みんながみんな認めてくれるかわからないけど、誰か一人でも自分のことを認めてくれるひとがいれば子供はねじ曲がらないと私は思います」と。逆にいえば、「ねじ曲がっちゃう子っていうのは、まわりにそういう大人がいなかっただけだぞ」という意味合いだと受け止めました。

大森　そう。みんながみんな「あんた悪い子や」って言ったら、「どうせ俺は悪い子や」となっちゃうんですよ。

おおた　あれは、ほんとに大人に突きつけているものの重さというか、ずっしりとくる言葉だなと思って。「ねじ曲がるはずないんだ！」と。大人がちゃんと見てさえいれば。「ねじ曲がってしまった屈折してしまった子をダメな子と言う権利など誰にあるんだ！」という。「お前、見てたのか！」と。

大森　みんなでよってたかってダメな子にしたんですよ。そういう意味では、大人の責任も大事だし、教育の責任も大事だしというのはありますよね。

おおた　自分からダメになってる子はいないってことですよね。

大森　どんな子でも認められたがってるんです、子供は。だから、誰が認めてあげるかなんです。昔話をすれば、僕がここに雇われたときに、そのときの校長が、「最近の先生はみんなできがいいけど、できのいい先生は、できの悪いやつの気持ちがわからへん。お前やったらわかるやろ?」と。僕はできが悪かったので、できの悪い子の気持ちがわかるという、この説得力のある言葉(笑)。自分がこの学校に来たひとつの役割は、できの悪いやつの気持ちをわかってやること。できの悪いやつに寄り添ってやることが、僕の仕事だと思って教師になった。

おおた　そうでしたか。先生は高校紛争で、生徒側として学校と激しくやりあったやんちゃ坊主だったわけですからね(笑)。

大森　実際そう思って教師になったんだけど、教師を長くしていると、実はできのいい子も認められたがってるんですよ。ともすると、こういう学校に来ると、「お前はできるやろ、できるな」と。できるのはいいんだけど、どうできるのか、何を努力してるのか、見られてないので。できがいい子も、実は寂しい思いをしてるということがわかって。僕はやっぱり、それがわかってからは、「お前、よくこんなことできるな」と言うようになりました。より具体的に、「見てるよ!」メッセージね(笑)。要するに、何もせんでも頭いいからできるんやなくて、これだけのことやって、これだけの努力してるからできてるんやなという話をするようになった。

おおた　そういえば、先生は昔、私の『ルポ塾歴社会』を読んでくれて、「おおたさん、『できのいい子はできがいい』と書いてあったけど、努力する才能というのもあるんやで。できる子もものすごく努力してるんやで。それも書いてほしかった」とおっしゃっていましたよね。

大森　「見てる」いうのはただほんまに見てるんじゃなくて、具体的にその子が何について頑張っているのか、何について困ってるのかを知ってあげること。認められたがっているのはできる子も同じなんだと。できる子って、ときどきほったらかされるじゃないですか。「お前はほっておいてもできる」と。いや、ほっといてもできるっていうけど、何もせんでできてるわけじゃないので。彼らは彼らでひとの見えないところで頑張ったりしているので、それはそれで彼らに対しても「知ってるよ」というアピールは大事。そうなってくると、全員見なきゃいけないから大変なんやけど（笑）。でもほんとにね、ともすると、できない子と同じくらい、できる子はないがしろにされてるの。

おおた たしかに、そうですよね。灘のなかでもできてる子だったら、もう大人はやることないと思っちゃうけど。灘の先生でもそこは細かく目をかけて、できない子はもちろんだけど、できる子もちゃんと細かいところ見てあげて、評価するポイントを具体的に示してあげるということが。

大森 そうなんですよ。教育って、「見といてあげてください」っていうのは、そこなんですよ。「ほんまに見てますか？」ってことなんです。

おおた いまの先生の話だと、ただ見てるんじゃなく、頑張ってるなって思ってるだけじゃなくって、やっぱりそれを言葉にすべきと。

大森 ちょっとね。「え、先生ようそんなとこまで見てるな」という感じで。

おおた ちょっと伝える。

大森 そう。いつもいつもほめる必要ないけど、ぼそっとね。「お前、同じ問題、3回くらい解いたんちゃうか」て言ってあげると、生徒も「わかりますか!?」と言って表情を明るくしますよ。「だって、提出した課題、間違ったとこ何度もやり直してたよな。消しゴムで何度も消した跡あったもん。すごいなあ、お前あれ何回やったんや」と言ってやれば、「ちゃんと見てくれているんだな」と思うじゃな

おおた　いですか。
ちゃんと見ていてあげて、ここぞというときにはちゃんと伝えてあげる。これは親もいっしょですよね。

大森　「あのひとはちゃんと見てくれてる、わかってくれてる」と思えれば、子供は決してねじ曲がりません。

＊＊＊

「あのひとはちゃんと見てくれてる、わかってくれてる。そう思える大人がいれば、子供は決してねじ曲がらない」

この本でいちばん私が伝えたかったことを言葉にすれば、たったこれだけのことだったのかもしれません。

おわりに

麻布の平先生は、「はっきり言って、男の子なんて、元気で楽しく生きていればそれでいいじゃないかと思うんですけど」と真剣に言います。

私は教育熱心すぎる親が子供を追いつめる「教育虐待」についても長年取材をしてきました。その経験から次のように言うことができます。

女の子の場合、ストレスが内にこもってしまう場合が多く、まわりが気づいてあげられないケースもよくあるのですが、男の子の場合、良くも悪くもストレスが外に出やすい分、わかりやすい。

そして、何らかのトラブルに巻き込まれた場合でも、女の子の場合は性被害をはじめとする深刻な被害者になりやすいのに比べて、男の子のほうは万引きや窃盗などの軽犯罪に結びつくケースは多くても、本人の身の危険に直結するような事態にはなりにくい（あくまでも比較の問題ですが)。

その意味で、男の子の場合、本人が元気で楽しそうにしているならばまず心配することはないと、私も思います。

武蔵の高野橋先生も、平先生とそっくりなことを言います。

「すごく正直に言うと、朝起きれなかろうが、スマホばかりいじっていようが、元気ならいいんですよ。愛されていて、自由であれば、元気でいられます」

芝の武藤先生は日ごろから保護者に**「栄養バランスなんて考えなくていいから、お弁当には毎日子供の好きなものを詰めてあげてください。それでももしお弁当を残していたら、それはなんらかのサインですからお子さんの様子を注意深く見てあげてください」**と伝えているそうです。

私はこの話が大好きです。「お弁当」は親子関係の象徴だととらえることもできます。**親がやってしまいがちなありがた迷惑をユーモラスに牽制《けんせい》しつつ、親としてカチンと来てしまうときこそそれを子供からの何らかのサインだととらえて、子供の気持ちに寄り添ってあげてくださいというアドバイスです。**

「這えば立て、立てば歩めの親心」とは、昔からよくいったものです。元気に学校に通っていれば「もう少しいい成績をとってきてほしい」と望み、そこそこの成績をとっていれば「できれば現役で大学に行ってほしい」と望み、受験勉強を始めれば「できれば一流大学」「できれば医学部」と思い始めるのが親心。

子供に期待するのは悪いことではありません。が、それが子供にとっては過度なプレッシャーになっていることも多いのです。

もし息子さんが「お弁当」を残して帰ってきたら、心配すべき可能性はいろいろあります。「お友達関係で何かあったのかな?」「部活で失敗でもしたのかな?」「先生に怒られたのかな?」……。でも一つの可能性として、親である自分自身が子供に対して過度な期待を寄せてはいないか、勝手な価値観を押しつけていないかということも、胸に手を当てて考えてみてください。

思い当たる節があるのなら、「自分だってたいしたことないのに、なに贅沢《ぜいたく》言ってんだ!」と自分を笑い飛ばしてみてください。自分がそんな贅沢を言っていられるのも、息子さんが立派にやってくれているからだということに気づいてください。そして、手を放して抱きしめてあげてください。

本書を読み終わったいま、息子さんのことが昨日より少しでも輝いて見えているのなら、著者として幸甚です。いや、私の力ではなくて、先生たちのおかげなのですけれど。

２０１９年８月　おおたとしまさ

21世紀《せいき》の「男《おとこ》の子《こ》」の親《おや》たちへ
――男子校《だんしこう》の先生《せんせい》たちからのアドバイス

令和元年９月10日　初版第１刷発行

著　者　おおたとしまさ
発行者　辻　浩明
発行所　祥《しょう》伝《でん》社《しゃ》
〒101-8701
東京都千代田区神田神保町3-3
☎03(3265)2081(販売部)
☎03(3265)1084(編集部)
☎03(3265)3622(業務部)

印　刷　堀内印刷
製　本　ナショナル製本

ISBN978-4-396-61700-4 C0037
祥伝社のホームページ・http://www.shodensha.co.jp/